财务管理实验教程

CAIWU GUANLI SHIYAN JIAOCHENG

张　如　主编

图书在版编目(CIP)数据

财务管理实验教程 / 张如主编. —杭州：浙江工商大学出版社，2013.8(2020.8 重印)

ISBN 978-7-81140-793-8

Ⅰ. ①财… Ⅱ. ①张… Ⅲ. ①财务管理—高等学校—教材 Ⅳ. ①F275

中国版本图书馆 CIP 数据核字(2013)第 103802 号

财务管理实验教程

张　如　主编

责任编辑　王黎明
封面设计　王好驰
责任印制　包建辉
出版发行　浙江工商大学出版社
(杭州市教工路 198 号　邮政编码 310012)
(E-mail：zjgsupress@163.com)
(网址：http://www.zjgsupress.com)
电话：0571－88904980，88831806(传真)
排　　版　杭州朝曦图文设计有限公司
印　　刷　广东虎彩云印刷有限公司绍兴分公司
开　　本　710mm×1000mm　1/16
印　　张　10.25
字　　数　184 千
版 印 次　2013 年 8 月第 1 版　2020 年 8 月第 3 次印刷
书　　号　ISBN 978-7-81140-793-8
定　　价　25.00 元

浙江工商大学出版社营销部邮购电话 0571－88904970

前 言

财务管理学是一门实践性较强的课程，在财务管理课程的教学体系中，实验教学是不可或缺的重要一环。鉴于教学过程的实际需要，在浙江农林大学教材出版基金的支持下，我们组织编写了《财务管理实验教程》一书。

本书的结构体系力求与财务管理理论教学内容相一致，共分六章二十一节，系统讲述了筹资管理、投资管理、营运资金管理、利润管理和财务分析五个方面的财务活动。其中筹资管理包括资本成本、筹资决策、筹资风险分析；投资管理包括资本预算、项目投资决策、项目投资风险分析、证券投资决策；营运资金管理包括现金管理、存货管理、应收账款管理；利润管理包括利润分配和股利政策分析；财务分析包括企业财务状况的比率分析、企业财务状况的趋势分析和企业财务状况的综合分析。每节包括基本知识、实验原理、单项训练和综合实验等内容，体现了实验教学与理论知识的贯通。第六章是财务管理案例实验，包括融资需求的预测、融资方式的选择、项目投资评价、证券投资的选择、配股方案设计和财务预算的编制。

本书由浙江农林大学教师编写。编写初期由张如老师任主编，与程建波、冯茜、汤晓蔚和刘宝森四位老师组成编写组。随着编写过程的深入，程建波和冯茜两位老师相继调离我校，刘宝森老师也去读博深造，编写一度中断。后在不断的努力下，终于如期完成书稿。张如老师任主编并总纂。第一章由张如和刘宝森老师编写，第二章由汤晓蔚老师编写，第三章、第四章、第六章由张如老师编写，第五章由张如和冯茜老师编写。

本书编写过程中参考和借鉴了大量的文献资料，在此向文献资料的作者表示衷心的感谢！同时也感谢浙江工商大学出版社的大力支持，向王黎明编辑表示感谢！

由于编者水平和时间有限，虽倾力投入，不足之处仍在所难免，恳请专家和读者批评指正。

编　者

2013 年 4 月

目录

CONTENTS

第一章

筹资管理

第一节 资本成本

实验目的

1. 熟悉各种筹资方式的优缺点
2. 掌握各种资本成本的计算方法

一、基本知识

1. 资本成本

资本成本是企业筹集和使用资本而承付的代价。这里的资本是指企业所筹集的长期资本,包括股权资本和长期债权资本。从投资者的角度看,资本成本也是投资者要求的必要报酬或最低报酬。

资本成本包括用资费用和筹资费用两部分。

(1)**用资费用**。指企业在生产经营、投资过程中因使用资本而付出的费用,如向股东支付的股利、向债权人支付的利息等。这是资本成本的主要内容。长期资金的用资费用,因使用资金数量的多少和时期的长短而变动,属于变动性资本成本。

(2)**筹资费用**。指企业在筹集资本活动中为获得资本而付出的费用,通常是在筹措资金时一次支付的,在用资过程中不再发生。因此,属于固定性的资本成本,可视作筹资数额的一项扣除。

2. 资本成本的作用

资本成本是选择筹资方式、进行资本结构决策和选择追加筹资方案的依据。

资本成本是评价投资项目,比较投资方案和进行投资决策的经济标准。

资本可以作为评价企业整个经营业绩的基准。

3. 资本成本率的种类

资本成本率是指企业用资费用与有效筹资额之间的比率,通常用百分比表示。资本成本率有以下几类:

(1)**个别资本成本率**。指企业各种长期资本的成本率。企业在比较各种筹资方式时，需要使用个别资本成本率。

(2)**综合资本成本率**。指企业全部长期资本的成本率。企业在进行长期资本结构决策时，可以利用综合资本成本率。

(3)**边际资本成本率**。指企业追加长期资本的成本率。企业在追加筹资方案的选择中，需要运用边际资本成本率。

二、实验原理

1. 个别资本成本率

一般而言，个别资本成本率是企业用资费用与有效筹资额的比较。其基本测算公式为：

$$K=\frac{D}{P-F}$$

或

$$K=\frac{D}{P(1-f)}$$

式中：K—资本成本率，以百分率表示；

D—用资费用额；

P—筹资额；

F—筹资费用额；

f—筹资费用率，即筹资费用与筹资数额的比率。

(1)**长期债权资本成本率**。长期债权资本成本率一般有长期借款资本成本率和长期债券资本成本率两种。根据企业所得税法的规定，企业债务的利息允许从税前利润中扣除，从而可以抵免企业所得税。因此，企业实际负担的债权资本成本率应当考虑所得税因素，即：

$$K_d=R_d(1-T)$$

式中：K_d—债权资本成本率，也称税后债权资本成本率；

R_d—企业债务利息率，也称税前债权资本成本率；

T—企业所得税率。

所以，长期借款资本成本率：

$$K_L=\frac{I_L(1-T)}{L(1-f_L)}$$

式中：K_L—长期借款资本成本率；

L—长期借款筹资额，即借款本金；

f_L—长期借款筹资费用融资率，即借款手续费率；

T—企业所得税率。

长期债券资本成本率：

$$K_b = \frac{I_b(1-T)}{B(1-f_b)}$$

式中：K_b—长期债券资本成本率；

B—债券筹资额，按发行价格确定；

f_b—债券筹资费用率；

T—企业所得税率。

(2)**股权资本成本率**。股权资本成本率主要有普通股资本成本率、优先股资本成本率和保留盈余资本成本率等。

对普通股资本成本率进行测算的方法有三种模型：股利折现模型、资本资产定价模型和风险溢价模型。

①股利折现模型。

$$P_c = \sum_{t=1}^{\infty} \frac{D_t}{(1+K_c)^t}$$

如果公司采用固定股利政策，即每年分派现金股利 D 元，则资本成本可按下式测算：

$$K_c = \frac{D}{P_c}$$

如果公司采用固定增长股利政策，股利固定增长率为 G，则资本成本可按下式测算：

$$K_c = \frac{D_1}{P_c} + G$$

式中：P_c—普通股融资净额，即发行价格扣除发行费用；

D_t—普通股第 t 年的股利；

K_c—普通股投资必要报酬率，即普通股资本成本率。

②资本资产定价模型。

$$K_c = R_f + \beta(R_m - R_f)$$

式中：R_f—无风险报酬率；

R_m—市场报酬率；

β—股票的贝塔系数。

③风险溢价模型。从投资者的角度，股票投资的风险高于债券，因此，股票投资的必要报酬率可以在债券利率的基础上再加上股票投资高于债

券投资的风险报酬。

$$K_c = I_b + \Delta K$$

式中：I_b—债券的利率，

ΔK—股票投资高于债券投资的风险溢价。

(3)**留用利润资本成本率**。留用利润资本成本率的测算方法与普通股基本相同，只是不考虑筹资费用。

2. 综合资本成本率

$$K_w = W_l K_l + W_b K_b + K_c W_c + K_p W_p + W_r K_r$$

式中：K_w—综合资本成本率；

K_l—长期借款资本成本率；

W_l—长期借款资本成本比例；

K_b—长期债券资本成本比率；

W_b—长期债券资本比例；

K_p—优先股资本成本率；

W_p—优先股资本比例；

K_c—普通股资本成本率；

W_c—普通股资本比例；

K_r—留存收益资本成本率；

W_r—留存收益资本比例。

或简化为：

$$K_w = \sum_{i=1}^{n} K_i W_i$$

式中：K_w—综合资本成本率；

W_i—第 i 种筹资方式的资本比例；

K_i—第 i 种筹资方式的资本成本率。

在综合资本成本率的计算中，关于 W_i 的资本价值基础的确定有以下三种选择：

(1)**按账面价值确定资本比例**。

(2)**按市场价值确定资本比例**。指股票和债券以现行资本市场价格为基础确定其资本比例，从而测算综合资本成本率。

(3)**按目标价值确定资本比例**。指证券和股票等以公司预计的未来目标市场价值确定资本比例，从而测算资本成本率。

3. 边际资本成本率

(1)**边际资本成本率的测算原理**。边际资本成本率是企业追加筹资的资本成本率,即企业新增1元资本所需负担的成本。企业在未来追加筹资时,不能仅仅考虑目前所使用的资本的成本,还要考虑新筹资本的成本,即边际资本成本。在筹资数额较大或在目标资本结构既定的情况下,往往通过多种筹资方式的组合来实现。这时,边际资本成本需要按加权平均法来计算,其权数必须为市场价值权数,不应采用账面价值权数。

(2)**边际资本成本率规划**。在追加筹资过程中,为了便于比较选择不同规模范围的筹资组合,企业可以预先计算边际资本成本率,并以表或图的形式反映。建立边际资本成本规划的过程如下:

第一步,确定目标资本结构。

第二步,测算各种资本的成本率。

第三步,计算筹资总额分界点。根据目标资本结构和各种资本成本率变动的分界点,计算公司筹资总额分界点。其计算公式为:

$$BP_j = TF_j / W_j$$

式中:BP_j—筹资总额分界点;

TF_j—第 j 种资本的成本率分界点;

W_j—目标资本结构中第 j 种资本的比例。

第四步,测算边际资本成本率。根据上一步骤计算出的分界点,可得出新的筹资范围。对新的筹资范围分别计算加权平均资本成本,即可得到各种筹资范围的边际资本成本率。

三、单项训练

▶材料1

IE公司拟筹资4,000万元,其中按面值发行一批5年期债券,债券总面值为1,000万元,票面利率为8%,筹资费率为4%,每年付息一次,到期一次还本;取得长期借款500万元,期限为5年,年利率为6%,每年付息一次,到期一次还本,筹资费率为0.5%;发行普通股2,000万元,每股20元,筹资费率为6%,预计第一年发放股利1.2元/股,以后每年股利以5%的比率稳定增长;此外,公司保留盈余500万元,所得税税率为25%。

要求:计算IE公司各项筹资的个别资本成本和综合资本成本。

▶材料 2

艾丽化妆品公司目前有资金 5,000 万元。其中长期负债 1,500 万元，优先股 500 万元，普通股 3,000 万元。现公司为满足规模扩张的需要，积极准备资金的筹集。经分析，公司仍决定保持目前的资本结构。目前金融市场状况和企业筹资形势调查如下表所示：

不同筹资类别的规模和筹资成本状况表

筹资方式	资本结构	新筹资额范围(万元)	资金成本率
长期负债	30%	0～6	4%
		6～12	6%
		＞12	8%
优先股	10%	0～20	10%
		20～40	11%
		＞40	12%
普通股	60%	0～30	14%
		30～60	15%
		＞60	16%

要求:计算资金的边际成本。

四、综合实验

▶实验材料

2001 年 8 月，南方家具公司管理层研究公司资金筹措问题，其有关情况如下：

1. 基本情况

南方家具公司成立于 1990 年，经过 10 年的发展，到 2000 年，资产达到 794 万元，销售收入达到 1,620 万元，净利达到 74 万元。尽管 2000 年是家具行业的萧条年，但该公司销售收入和净利仍比上年增长了 8.7%和 27.6%。目前，该公司规模偏小，生产线较少，不能每年都向市场推出新产品，因而利润的增长幅度相对降低。公司必须扩大生产规模，计划新建一家分厂，到 2003 年末，使生产能力翻一番。分厂直接投资需要 800 万元，其中,2002 年投资 500 万元,2003 年投资 300 万元。这将是同行业中规模最大、现代化程度最高的工厂。此外,需要 50 万元的资金整修和装备现有的厂房和设备,300 万元的流动资金弥补生产规模扩大引起的流动资金的不足。这三项合计共需资金 1,150 万元。在未来几年中,通过公司内部留用利润和提高流动资金利用效率,可解决 350 万元资金,但此外的 800 万元资金必须从外部筹措。2001 年 9 月 2 日,董事会正式讨论筹资问题。

2. 行业情况

家居行业是高度分散的行业,在 1,000 多家家居行业中,销售收入超过 1,500 万元的不到 30 家。在过去的几年中,家居行业一直面临着被兼并和收购的风险。但经济不景气的时期已经过去,该行业的发展前景是可观的,该行业会随着经济的复苏而发展起来。南方家具公司和同行业三家公司 2000 年的财务资料如下表所示。

南方家具公司和同行业三家公司财务状况表

项　目	A 公司	B 公司	C 公司	南方公司
销售收入(万元)	3,713.20	12,929.30	7,742.70	1,620.00
净利(万元)	188.40	1,203.20	484.90	74.00
流动比率	3.20	7.20	4.30	4.08
流动资本(万元)	1,160.70	4,565.10	2,677.80	425.00
资产负债率(%)	1.40	2.00	10.40	28.10
流动资产占普通股权益(%)	65.40	64.90	67.30	74.40
销售净利率(%)	5.10	9.30	6.30	4.58
股东权益报酬率(%)	10.60	17.10	12.20	13.60
普通股每股收益(元)	0.70	2.00	1.93	1.23
普通股每股股利(元)	0.28	0.80	0.60	0.30
市盈率	16.20	17.80	16.20	9.60

3. 南方家具公司财务状况

南方家具公司现有长期借款 85 万元,其中 10 万元在 1 年内到期,年利率为 5.5%。每年末偿还本金 10 万元。借款合约规定公司至少要保持 225 万元的流动资金。南方公司于 1996 年以每股 5 元公开发行普通股

170,000 股。目前公司发行的外在普通股共计 600,000 股,其股利支付率为 35%。此外,公司 2001 年固定资产投资 30 万元。

南方家具公司的资产负债表及损益表如下所示:

南方家具公司资产负债表

单位:万元

项　目	1998 年	1999 年	2000 年	2001 年 8 月 31 日
资产				
现金	26	23	24	63
应收账款	209	237	273	310
存货	203	227	255	268
其他流动资产	8	10	11	14
流动资产合计	446	497	563	655
固定资产原值	379	394	409	424
减:累计折旧	135	155	178	189
固定资产净值	244	239	231	235
资产总计	690	736	794	890
负债及股东权益				
应付账款	62	90	102	125
一年内到期的长期借款	10	10	10	10
应付股利				5
应付税款	36	25	26	50
流动负债合计	108	125	138	170
长期负债	105	95	85	85
股东权益	477	516	571	635
负债及股东权益总计	690	736	794	890

南方家具公司损益表

单位:万元

项　目	1996 年	1997 年	1998 年	1999 年	2000 年	2001 年 8 月 31 日
销售净额	1,062	1,065	1,293	1,491	1,620	1,279
销售成本	853	880	1,046	1,201	1,274	968

续 表

项 目	1996年	1997年	1998年	1999年	2000年	2001年8月31日
销售毛利	209	185	247	290	346	311
销售及管理费用	111	122	142	160	184	136
利息费用	8	7	7	6	5	3
税前利润	90	56	98	124	157	172
所得税(50%)	44	27	51	66	83	87
净收益	46	44	47	58	74	85
普通股每股收益	0.77	0.73	0.78	0.97	1.23	1.42
每股现金股利	0.27	0.27	0.27	0.30	0.30	0.27
折旧			21	22	22	

4. 南方家具公司预计财务资料

南方家具公司预计息税前利润表

单位:万元

项 目	2001年	2002年	2003年	2004年	2005年
销售净额	2,080	2,500	3,100	3,700	4,200
销售成本	1,574	1,890	2,347	2,800	3,179
销售毛利	506	610	753	900	1,021
销售及管理费用	223	270	335	400	454
息税前利润	283	340	418	500	567
折旧费	23	75	100	100	100

5. 筹资方式

公司管理部门最初倾向于发行股票进行筹资,当时公司股价21.06元,扣除预计的5%的发行费用,每股可筹资20元;发行股票40万股,可筹集资金800万元。这种方案必须在董事会讨论决定后于2002年初实施。

但投资银行建议通过借款方式筹资,他们认为借款方式筹资可以降低资本成本。借款的有关条件为:

(1)年利率为7%,期限10年。

(2)从2004年末开始还款,每年末偿还本金80万元。

(3)借款的第一年,公司的流动资金必须保持在借款总额的50%,以后每年递增10%,直到达到未偿还借款的80%。

(4)股东权益总额至少为600万元。

(5)借款利息在每年末支付。

▶实验要求

(1)计算两种筹资方式的资本成本。

(2)分析不同筹资方式对公司财务状况的影响。

(3)为该公司作出筹资决策并说明理由。

第二节　筹资决策

实验目的

1. 熟悉资本结构属性,了解影响资本结构的因素
2. 掌握资本成本比较法、每股收益分析法和公司价值法,确定最佳资本结构

一、基本知识

1. 资本结构

资本结构是指企业各种资本的价值构成及其比例关系。在企业筹资管理活动中,资本结构有广义和狭义之分。广义的资本结构是指企业全部资本价值的构成及其比例关系。狭义的资本结构是指企业各种长期资本价值的构成及其比例关系,尤其指长期的股权资本与债权资本的构成及其比例关系。在狭义资本结构下,短期债权资本系作为营运资本来管理。

2. 资本结构的分类

(1)**资本的属性结构**。资本的属性结构是指企业不同属性资本的价值构成及其比例关系。企业全部资本就其属性而言,通常分为两类:一类是股权资本,另一类是债权资本。

(2)**资本的期限结构**。资本的期限结构是指不同期限资本的价值构成及其比例关系。一个企业的全部资本就期限而言,一般可以分为两类:一类是长期资本,另一类是短期资本。

3. 资本结构的价值基础

资本的账面价值结构是指企业资本按历史账面价值基础计量反映的资本结构。

资本的市场价值结构是指企业按现时市场价值基础计量反映的资本结构。

资本的目标价值结构是指企业资本按未来目标价值计量反映的资本结构。

4. 确立最佳资本结构的意义

合理安排债权资本比例可以降低企业的综合资本成本率。

合理安排债权资本比例可以获得财务杠杆收益。

合理安排债权资本比例可以增加公司的价值。

5. 影响资本结构的因素

企业财务目标的影响。

企业发展阶段的影响。

企业财务状况的影响。

投资者动机的影响。

债权人态度的影响。

经营者行为的影响。

税收政策的影响。

行业差别的影响。

6. 资本结构的决策方法

(1)**资本成本分析法**。首先计算各个备选方案的综合资本成本，然后进行比较，选择综合资本成本最低的方案为最优方案。

(2)**每股收益分析法**。每股收益分析是利用每股收益无差别点进行的。每股收益无差别点是指每股收益不受融资方式影响的销售水平。在每股收益无差别点上，无论是采用负债融资，还是采用权益融资，每股收益都是相等的。在每股收益无差别点上，销售额为每股收益无差别点销售额。当销售额高于每股收益无差别点销售额时，应选择负债融资，反之，则选择权益融资。

(3)**企业价值分析法**。从根本上讲，财务管理的目标在于追求公司价值的最大化或股价最大化。然而只有在风险不变的情况下，每股收益的增长才会直接导致股价的上升，所以公司的最佳资本结构应当是可使公司的总价值最高，而不一定是每股收益最大的资本结构。同时，在公司总价值最大的资本结构下，公司的资本成本也是最低的。

采用资本资产定价模型法计算股票的资本成本，公司的资本成本则采用加权平均资本成本表示。

二、实验原理

1. 资本成本比较法

$$K_w = \sum_{i=1}^{n} K_i W_i$$

其中 $\sum_{i=1}^{n} W_i = 1$

式中：K_w—加权平均资本成本；

W_i—第 i 种资本占全部资本的权重；

K_i—第 i 种资本的成本；

n—资本的种类数。

2. 每股收益分析法

$$EPS_1 = EPS_2$$

$$\frac{(EBIT-I_1)(1-T)-D_{p_1}}{N_1}=\frac{(EBIT-I_2)(1-T)-D_{p_2}}{N_2}$$

3. 公司价值分析法

$$V=S+B$$

$$S=(EBIT-I)(1-T)/K_s$$

$$K_w=K_b\times(B/V)\times(1-T)+K_s\times S/V$$

$$K_s=R_s=R_f+\beta(R_m-R_f)$$

式中：S—股票的总价值；

B—债券的价值；

$EBIT$—息税前收益；

I—年利息额；

T—所得税税率；

K_s—股票资本成本率；

K_b—长期债务税前资本成本率；

R_f—无风险报酬率；

R_m—股票的市场报酬率。

三、单项训练

▶材料 1

大华公司初始成立时需要资本总额 7,000 万元，存在以下三种筹资方案：

筹资方式	方案一		方案二		方案三	
	筹资金额	资本成本	筹资金额	资本成本	筹资金额	资本成本
长期借款	500	4.5%	800	5.25%	500	4.5%
长期债券	1,000	6%	1,200	6%	2,000	6.75%
优先股	500	10%	500	10%	500	10%
普通股	5,000	15%	4,500	14%	4,000	13%
资本合计	7,000		7,000		7,000	

其他资料：表中债务资本成本均为税后资本成本，所得税税率为 25%。

要求：根据资金成本比较法确定筹资的最佳资本结构方案。

▶材料 2

三立公司目前资本共 900 万元，其中长期债券 100 万元，债券利率为 8%；普通股 80 万股，共 800 万元。为满足投资计划的需求，准备再筹资 200 万元资本，有两个备选方案：方案 1 是发行长期债券 200 万元，年利率 9%；方案 2 是增发普通股 200 万元，每股面值 10 元。公司的所得税税率为 25%。

要求：通过每股收益无差别点分析，对筹资方案进行决策。绘制各个方案的每股利润与息税前收益的关系图，并做相关分析。

▶材料 3

立德公司目前资本全部由普通股组成，股票账面价值为 1,000 万元，所得税税率为25%。预计公司每年的息税前收益为200万元，且保持稳定不变，公司的税后净利将全部作为股利发放，股利增长率为零。该公司认为目前的资本结构不够合理，准备增加负债以利用财务杠杆使企业价值提高。经测算，债务的现值等于其面值，在不同的负债水平下，债务的利率和普通股的β值如下表所示。

不同债务规模下的债务利率和普通股β系数及其他有关资料

方　案	债务β(万元)	债务利率(%)	普通股β值
1	0	0	1.10
2	100	6	1.20
3	200	8	1.25
4	300	10	1.48
5	400	12	1.85
6	500	15	2.20

同时，已知证券市场的$R_f=8\%$，平均风险股票必要报酬率$R_m=14\%$，试测算该公司的最优资本结构。

四、综合实验

▶实验材料

S股份有限公司于1997年发行股票并上市，普通股股本6,000万股，每股面值为1元，发行价格为每股5.4元，筹资费率为2.3%。1999年实现净利8,480万元，每股分配股利0.8元，股利预计以后每年增长5%。公司股票当前市价为11.38元。长期借款利率为8%，公司因享受所得税优惠，税率为18%。当前无风险报酬率为10%，股票平均报酬率为15%。该公司1999年末资产负债表(部分)和不同债务水平下预计的债务利率和β系数表如下：

1999年末公司资产负债表(部分)

单位：万元

资　产		负债及股东权益	
流动资产	26,081	流动负债	4,562

续 表

资 产		负债及股东权益	
长期资产	36,337	长期负债(长期借款)	16,000
		股东权益 股本 资本公积 盈余公积 未分配利润 股东权益合计	6,000 25,656 2,432 7,768 41,856
资产总计	62,418	负债及股东权益总计	62,418

不同负债水平的债务利率和 β 系数关系表

长期资本中债务比率(%)	债务利率(%)	β系数
0	0	1.2
10	8	1.25
20	8	1.3
25	8	1.4
30	9	1.5
40	10	1.7
50	12	2.0

▶实验要求

(1)按账本价值和市场价值分别计算加权平均资本成本。

(2)分别按股利增长模型和资本资产定价模型计算普通股和留用利润的成本。

(3)计算不同债务水平下的公司价值,并确定公司最佳资本结构。

▶分析讨论

(1)计算股票成本时,应该用股票发行价还是市价比较合理?为什么?

(2)两种方法计算的股票成本为何有较大的差异?分析哪种方法的结果更为合理。

(3)两种方法计算的加权平均资本成本有何不同?运用哪种方法较好?

(4)该公司现有的资本结构合理吗?为什么?

(5)分析该公司财务风险。

第三节 筹资风险分析

实验目的

1. 了解经营杠杆、财务杠杆及总杠杆的影响因素
2. 掌握经营杠杆系数、财务杠杆系数及总杠杆系数的计算方法

一、基本知识

1. 经营杠杆

经营杠杆亦称营运杠杆或营业杠杆,是指企业在经营活动中对营业成本中固定成本的利用,企业营业成本结构中固定成本的高低决定了营业利润对销售变动的敏感性大小,其作用程度可用经营杠杆系数表示。除了固定成本影响企业经营杠杆系数外,还有其他影响因素:产品销量的变动,产品售价的变动,单位产品变动成本的变动等。

2. 财务杠杆

财务杠杆亦称筹资杠杆,是指企业在筹资活动中对资本成本固定的债务成本的利用。这种利用程度大小可用财务杠杆系数来衡量,它反映了普通股每股利润对息税前利润变动的敏感程度。除了债务资本固定利息影响财务杠杆系数外,还有其他影响因素:资本规模的变动,资本结构的变动,债务利率的变动,息税前利润的变动等。

3. 总杠杆

一般情况下,企业会同时存在经营杠杆和财务杠杆,这两种杠杆的共同作用就形成了总杠杆作用,它反映了普通股每股利润变动对销售变动的敏感程度,总杠杆作用程度的大小可通过总杠杆系数来表示。总杠杆系数受经营杠杆系数和财务杠杆系数影响。

二、实验原理

1. 经营杠杆系数

$$DOL=\frac{\Delta EBIT/EBIT}{\Delta Q/Q}=\frac{Q_{(P-V)}}{Q_{(P-V)}-F}=\frac{S-VC}{S-VC-F}=\frac{EBIT+F}{EBIT}$$

式中：DOL—经营杠杆系数；

$EBIT$—息税前利润；

Q—销售量；

P—单价；

V—单位变动成本；

F—固定成本；

S—销售额；

VC—总变动成本。

2. **财务杠杆系数**

$$DFL=\frac{\Delta EPS/EPS}{\Delta EBIT/EBIT}=\frac{EBIT}{EBIT-I-\frac{D_p}{1-T}}$$

式中：DFL—财务杠杆系数；

EPS—普通股每股利润；

I—债务利息；

D_p—优先股股息；

T—所得税税率。

3. **总杠杆系数**

$$DTL=\frac{\Delta EPS/EPS}{\Delta Q/Q}=DOL\times DFL=\frac{EBIT+F}{EBIT-I-\frac{D_p}{1-T}}$$

式中：DTL—总杠杆系数。

三、单项训练

▶材料 1

华夏公司生产 A 产品，固定成本为 60 元，变动成本率为 40%。

要求：当公司营业收入分别为 400 万元、200 万元、100 万元，计算各经营杠杆系数并分析其经营风险。

▶材料 2

已知甲、乙、丙三家公司的有关情况如下表所示，所得税税率为 25%。

公司名称	甲公司	乙公司	丙公司
资本总额(元)	4,000,000	4,000,000	4,000,000
普通股股本(元)	4,000,000	2,000,000	2,000,000
债务资本(元)	0	2,000,000	2,000,000
债务利息	0%	10%	14%
普通股股数(股)	100,000	50,000	50,000
息税前利润(元)	480,000	480,000	480,000

要求:计算三家公司普通股每股收益及 *DFL*,并进行筹资风险分析。

四、综合实验

▶实验材料

大华公司根据市场发展形势,计划将销售收入在基期基础上增加40%,其他相关财务资料如下:

项　目	基　期	计划期
销售收入(万元)	400,000	(1)
边际贡献(万元)	(2)	(3)
固定成本(万元)	240,000	240,000
息税前利润(万元)	(4)	(5)
每股收益(元)	(10)	3.5
边际贡献率	75%	75%
经营杠杆系数		(7)
财务杠杆系数		(8)
总杠杆系数		7.5
息税前利润增长率(%)	(6)	
每股收益的增长率(%)	(9)	

▶实验要求

对下列问题进行计算:

(1)计划期的销售收入。

(2)基期的边际贡献。

(3)计划期的边际贡献。
(4)基期的息税前利润。
(5)计划期的息税前利润。
(6)息税前利润的增长率。
(7)经营杠杆系数。
(8)财务杠杆系数。
(9)每股收益的增长率。
(10)基期的每股收益。

第二章

投资管理

第一节 资本预算

实验目的

1. 熟悉投资额的构成内容
2. 掌握投资额的预测方法

一、基本知识

企业投资是指企业投入财力，以期望在未来获取收益的一种行为。企业投资是实现财务管理目标的基本前提，是发展生产的必要手段，也是降低投资风险的重要方法。财务管理中的投资既包括对外投资，也包括对内投资。

资本预算就是对投资额的预算，即一定时期（如一年）内企业对内投资和对外投资的总额的预算。进行科学的资本预算，有利于企业正确合理地筹集资金，并且也有利于正确地评价投资方案的经济效果。

1. 资本预算的程序

第一，确定所有可以进行投资的投资项目。

第二，预测各个项目的投资额。

第三，确定一定时期内的企业投资总额。

2. 投资额的构成内容

（1）**内部投资额的构成内容。**

①投资前费用。投资前费用是指在正式投资之前为做好各项准备工作而花费的费用。

②设备购置费用。设备购置费用是指为购买投资项目所需各项设备而花费的费用。

③设备安装费用。设备安装费用是指为安装各种设备所需的费用。

④建筑工程费。建筑工程费是指进行土建工程所花费的费用。

⑤营运资金的垫支。投资项目建成后，必须垫支一定的营运资金才能投入运营。

⑥不可预见费。不可预见费是指在投资项目正式建设之前不能完全估计到、但又很可能产生的一系列费用。

(2)对外投资额的构成内容。

①对外直接投资。主要包括现金、实物资产、无形资产等。

②证券投资。主要包括股票、债券等。

3. 资本预算的方法

(1)**逐项测算法**。逐项测算法就是对构成投资额基本内容的各个项目先逐项测算其数额、然后进行汇总来预测投资额的一种方法。

(2)**单位生产能力估算法**。生产能力是指投资项目建成投产后每年达到的产量。单位生产能力估算法是根据同类项目的单位生产能力投资额和拟建项目的生产能力来估算投资额的一种方法。

(3)**装置能力指数法**。装置能力是指以封闭型的生产设备为主体所构成的投资项目的生产能力。装置能力指数法是根据有关项目的装置能力和装置能力指数来预测项目投资额的一种方法。

(4)**对外直接投资预算法**。对外直接投资法是指企业直接把现金、实物资产、无形资产等投向其他企业或与其他企业共同投资兴建新企业的一种方法。这种方法与对内长期投资额的预测有密切联系。

(5)**证券投资预算法**。证券投资的目的不同,投资额的测算方法也不同。为控制一企业所需要的投资额,则必须先拥有实现控制目的所需的最低股权比例,然后和收购股价相乘所得。企业若单纯为追求利润而进行证券投资时,一般用投资的证券数量与证券价格的乘积之和来预算。

二、实验原理

1. 逐项测算法

拟建项目投资总额＝投资前费用＋设备购置费用＋设备安装费用＋建筑工程费＋营运资金的垫支＋不可预见费

2. 单位生产能力估算法

拟建项目投资总额＝同类企业单位生产能力投资额×拟建项目生产能力

利用以上公式进行预测时,需要注意下列几个问题:

同类企业单位生产能力投资额可从有关统计资料中获得,如果国内没有可供参考的有关资料,可以以国外投资的有关资料为参考标准,但要进行适当调整。

如果通货膨胀比较明显,要合理考虑物价变动的影响。

作为对比的同类工程项目的生产能力与拟建的投资项目的生产能力应比较接近,否则会有较大误差。

要考虑投资项目在地理环境、交通条件等方面的差别,并相应调整预测出的投资额。

3. 装置能力指数法

$$Y_2 = Y_1 \cdot \left(\frac{X_2}{X_1}\right)^t \cdot \alpha$$

式中:Y_2—拟建项目投资额;
Y_1—类似项目投资额;
X_2—拟建项目装置能力;
X_1—类似项目装置能力;
t—装置能力指数;
α—新老项目之间的调整系数。

4. 对外直接投资预算法

企业投资额=拟新建企业投资总额×本企业投资占总投资额的比重

5. 证券投资预算法

$$Y_W = \Sigma W_i P_i$$

式中:Y_W—证券投资额;
W_i—第 i 种证券的投资数量;
P_i—第 i 种证券的价格。

或 $Y = M \cdot h \cdot P$

式中:Y—控制一个企业所需投资额;
M—目标公司发行在外的股数总额;
h—实现控制的目的所需最低股权比;
P—收购时股票的平均价格。

三、单项训练

▶材料 1

荣昌面粉厂 10 年前引进一条加工面粉的生产线，其装置能力为年加工面粉 20 万吨，当时投资额为 1,500 万元。现在由于业务发展需要，该面粉厂拟增加一条年加工面粉 30 万吨的生产线。根据经验，装置能力指数为 0.85，因物价上涨，需要对投资进行适当调整，取调整系数为 1.3。

要求：预测年加工面粉 30 万吨的生产线的投资额。

▶材料 2

里德公司拟在 2013 年进行对外如下投资：

(1)关联方大有公司发行 3 年期 AAA 债券，需投资债券 5 万份，每份 1,000 元。

(2)三立公司为其控股子公司，控股比例为 52%。目前发行新股 1,000万股，每股预计 10 元。

(3)中科公司是一家高科技公司，其业绩一直在稳定上升。目前发行 500 万股。里德公司拟投资 50 万股。年初每股价格 20 元，预计股价会上升 10%。

要求：在保持原有控股比例的基础上，预测里德公司的最低投资额。

四、综合实验

▶实验材料

淮海公司是一家钢铁生产企业，生产规模较大，发展前景乐观。2009 年元旦过后的第一个工作日，公司经理召开第一次会议，动员全体职工积极行动起来，充分挖掘内部潜力，大搞技术革新，并号召大家献计献策，为完成全年生产任务努力工作。在会上，经理介绍了今年销售形势，认为形势大好，对公司非常有利。根据市场调查资料测算，市场需求的趋势将使公司每年的销售量有所增加，预计今年钢铁销售量可达 480,000 吨，比去年增长 20%；如果公司能在较短期间增加固定资产投入，尽快形成生产能力，抓住这个大好时机，能为公司创造可观的经济效益。

同时，公司经理根据市场需求量，结合自身实际，又作了进一步分析。他说，虽然市场对我们非常有利，但也必须清楚自身的实际生产能力，量力而行。如果确实可行，就应该马上行动。

公司现在的具体情况是：

（1）现有生产设备10台，其中冷轧机4台，热轧机6台。每台设备台班产量均为40吨，每天开工3班，全年计划设备检修15天。

（2）如果按市场订单组织生产，计划年度冷轧机生产钢材280,000吨，热轧机生产钢材200,000吨。

（3）公司通过内部挖潜，充分利用原有旧设备，还可修复一台冷轧机，大约需要修理费用58,000元。

（4）现在市场价格：每台热轧机230,850元，每台冷轧机180,500元。

（5）公司劳动力充足。

（6）如果公司需要新增生产能力，其投资所需资金，公司能够通过合理的渠道加以解决。

最后，公司经理说，情况就是这样，大家商量商量，如果以销定产的计划可行，就请有关部门拿个计划，测算一下新增设备的投资额。

▶实验要求

（1）根据淮海公司的2010年计划生产任务和现有生产设备，分析、计算生产能力是否充足。

（2）根据生产设备余缺情况，测算新增设备投资额。

（3）根据案情资料，综合测算淮海公司新增生产能力投资额。

第二节 项目投资决策

实验目的

1. 明确现金流量的构成
2. 掌握项目投资决策指标和决策原则

一、基本知识

1. 现金流量

现金流量，是指一个投资项目引起的企业现金流入和现金流出的数量。它是评价投资方案是否可行时必须事先计算的一个基础性指标。现金流量的构成包括：

（1）**初始现金流量**。初始现金流量是指开始投资时发生的现金流量，一般包括如下的几个部分。

①固定资产上的投资。包括固定资产的购入或建造成本、运输成本和安装成本等。

②流动资产上的投资。包括对材料、在产品、产成品和现金等流动资产的投资。

③其他投资费用。指与长期投资有关的职工培训费、谈判费、注册费用等。

④原有固定资产的变价收入。这主要是指固定资产更新时原有固定资产的变卖所得的现金收入。

(2)**营业现金流量**。营业现金流量是指投资项目投入使用后,在其寿命周期内由于生产经营所带来的现金流入和流出的数量。这种现金流量一般按年度进行计算。这里现金流入一般是指营业现金收入,现金流出是指营业现金支出和交纳的税金。

(3)**终结现金流量**。终结现金流量是指投资项目完结时所发生的现金流量,主要包括如下几个部分。

①固定资产的残值收入或变价收入。

②原来垫支在各种流动资产上的资金的收回。

③停止使用的土地的变价收入等。

2. 投资决策指标

(1)**投资回收期(PBP)**。投资回收期是指回收初始投资所需要的时间,一般以年为单位。投资回收期法的概念容易理解,计算也比较简便,但这一指标的缺点没有考虑资金的时间价值,没有考虑回收期满后的现金流量状况,因而不能充分说明问题。

(2)**会计收益率(ARR)**。会计收益率是年均净收益与原始投资额之比。会计收益率是一种衡量盈利性的简单方法,使用的概念易于理解;在计算时使用会计报表上的数据,容易取得;并且考虑了整个项目寿命期的全部利润,便于项目的后评价。但会计收益率法也存在缺点:使用账面收益而非现金流量,忽视了折旧对现金流量的影响;忽视了净收益的时间分布对于项目经济价值的影响。

(3)**净现值(NPV)**。投资项目投入使用后的净现金流量,按资本成本或企业要求达到的报酬率折算为现值,减去初始投资以后的余额,叫净现值。净现值法的优点是,考虑了资金的时间价值,能够反映各种投资方案的净收益,因而是一种较好的方法;缺点是不能揭示各个投资方案本身可能达到的实际报酬率是多少。

(4)**内部报酬率(IRR)**。内部报酬率又称内含报酬率，是使投资项目的净现值等于零的贴现率。内部报酬率实际上反映了投资项目的真实报酬。内部报酬率法考虑了资金的时间价值，反映了投资项目的真实报酬率，概念也易于理解。但这种方法的计算过程比较复杂。

(5)**现值指数(PI)**。现值指数又称获利指数，是投资项目未来报酬的总现值与初始投资额的现值之比。获利指数法的优点是考虑了资金的时间价值，能够真实地反映投资项目的盈亏程度；由于获利指数是用相对数来表示，所以有利于在初始投资额不同的投资方案之间进行对比。但现值指数法没有消除项目期限的差异。

3. 投资决策原则

(1)**净现值法的决策规则**。在只有一个备选方案的采纳与否决策中，净现值为正者则采纳，净现值为负者则不采纳。在有多个备选方案的互斥选择决策中，应选用净现值是正值中的最大者。

(2)**内部报酬率法的决策规则**。在只有一个备选方案的采纳与否决策中，如果计算出的内部报酬率大于或等于企业的资本成本或必要报酬率就采纳；反之，则拒绝。在有多个备选方案的互斥选择决策中，应选用内部报酬率超过资本成本或必要报酬率最多的投资项目。

(3)**现值指数法的决策规则**。在只有一个备选方案的采纳与否决策中，现值指数大于或等于1，则采纳，否则就拒绝。在有多个方案的互斥选择决策中，应采用现值指数超过1最多的投资项目。

二、实验原理

1. 现金流量

初始现金流量＝固定资产投资＋流动资产的投资＋相关机会成本＋其他相关费用的投资＋原有固定资产回收价值

营业现金流量＝税后净利润＋折旧

＝税后收入－税后付现成本＋折旧抵税

＝收入×(1－税率)－付现成本×(1－税率)＋折旧×税率

终结现金流量＝项目残值税后收入－与项目终止有关的现金流出(税收等)＋期初投入的营运资本的回收

2. 投资决策指标

(1)**投资回收期**。

①在原始投资一次支出,每年现金净流入量相等时:

$$投资回收期=\frac{原始投资额}{每年现金净流入量}$$

②如果现金流入量每年不等,或原始投资是分几年投入的,其计算公式为(设 M 是收回原始投资的前一年):

$$投资回收期=M+\frac{第M年的尚未回收额}{第(M+1)年的现金净流量}$$

(2)**会计收益率**。

$$会计收益率=\frac{年平均净收益}{原始投资额}\times 100\%$$

(3)**净现值**。

$$净现值=\sum_{k=0}^{n}\frac{I_k}{(1+i)^k}-\sum_{k=0}^{n}\frac{O_k}{(1+i)^k}$$

式中:n—投资涉及的年限;

I_k—第 k 年的现金流入量;

O_k—第 k 年的现金流出量;

i—预定的折现率。

(4)**内部报酬率法**。

①如果每年的 NCF 相等,则按下列步骤计算。

第一步:计算年金现值系数。

$$年金现值系数=\frac{初始投资额\ C}{每年\ NCF}$$

第二步:查年金现值系数表,在相同的期数内,找出与上述年金现值系数相邻近的较大和较小的两个贴现率。

第三步:根据上述两个邻近的贴现率和已求得的年金现值系数,采用插值法计算出该投资方案的内部报酬率。

②如果每年的 NCF 不相等,则需要按下列步骤计算。

第一步:通过逐步测试找到使净现值一个大于 0,一个小于 0 的,并且最接近的两个贴现率。

第二步:根据上述两个邻近的贴现率再来用插值法,计算出方案的实际内部报酬率。

(5)**现值指数**。

$$现值指数=\sum_{k=0}^{n}\frac{I_k}{(1+i)^k}\div\sum_{k=0}^{n}\frac{O_k}{(1+i)^k}$$

式中:n—投资涉及的年限;

I_k—第 k 年的现金流入量;

O_k—第 k 年的现金流出量;

i—预定的折现率。

三、单项训练

▶材料 1

杉杉公司拟投资建设一项固定资产,投资均于年初投入,生产经营期每年净现金流量均于年末收到。项目计算期各年的净现金流量如下:

项 目	建设期		经营期					
年 份	1	2	3	4	5	6	7	8
净现金流量(万元)	−30	−20	20	20	20	20	20	20

假设投资收益率为 10%,不考虑建设期的标准投资回收期为 3 年。

要求:

(1)采用投资回收期法和净现值法评价该方案是否可行。

(2)计算该方案的内含报酬率和现值指数。

▶材料 2

S 公司正在研究是否更新现有的物流配送系统。现有系统是 5 年前购置的,目前仍可使用,但功能已显落后。如果想长期使用,需要在未来第 2 年末进行一次升级,估计需要支出 3,000 元,升级后可再使用 4 年。报废时残值收入为零。若目前出售可以取得收入 1,200 元。

预计新系统购置成本为 60,000 元,可使用 6 年,6 年后残值变现收入为 1,000 元。为了使现有人员能够顺利使用新系统,在购置时需要进行一次培训,预计支出 5,000 元,新系统不但可以完成现有系统的全部工作,还可以增加产品终端配送的功能。增加产品终端配送功能可使公司每年增加销售收入 40,000 元,节约营运成本 15,000 元,该系统的运行需要增加一名计算机专业人员,预计工资支出每年 30,000 元。产品终端配送费每年 4,500 元。专业人员估计该系统第 3 年末需要更新软件,预计支出

4,000元。

假设按照税法规定，对物流配送系统可采用双倍余额递减法计提折旧，折旧年限为5年，期末残值为0。该公司适用的所得税税率为40%，预计公司每年有足够的盈利，可以获得折旧等成本抵税的利益，公司等风险投资的必要报酬率为10%(税后)。

为简化计算，假设折旧费按年计提，每年收入、支出在年底发生。

要求：

(1)计算更新方案的零时点现金流量合计。

(2)计算折旧抵税的现值。

(3)更新系统是否可行。

四、综合实验

(一)

▶实验材料

东方公司是一个钢铁企业，拟进入前景看好的汽车制造业。现有一个投资机会，利吉公司是一个有代表性的汽车零件生产企业。利用利吉公司的技术生产汽车零件，并将零件出售给利吉公司。预计该项目需固定资产投资750万元，可以持续5年。会计部门估计每年固定成本为(不含折旧)40万元，变动成本是每件180元。固定资产折旧采用直线法，折旧年限为5年，估计净残值为50万元。营销部门估计各年销售量均为40,000件。利吉公司可以接受250元/件的价格。生产部门估计需要250万元的净营运资本投资。

(1)东方和利吉均为上市公司，东方公司的β系数为0.8，资产负债率为50%；利吉公司的β系数为1.1，资产负债率为30%。

(2)东方公司不打算改变当前的资本结构。目前的借款利率为8%。

(3)无风险资产报酬率为4.3%，市场组合的预期报酬率为9.3%。

(4)为简化计算，假设没有所得税。

▶实验要求

(1)计算评价该项目使用的折现率。

(2)计算项目的净现值。

时　间	0	1	2	3	4	5	合　计
现金流量各项目							
营业现金流量							
现金净流量							
折现系数							
净现值							

(3)假如预计的固定成本和变动成本、固定资产残值、净营运资本和单价只在±10%以内是准确的,这个项目最差情境下的净现值是多少?

时　间	0	1	2	3	4	5	合　计
现金流量各项目							
营业现金流量							

续　表

时　间	0	1	2	3	4	5	合　计
现金净流量							
折现系数							
净现值							

（二）

▶实验材料

中国制造机械有限公司已开发出一款新型车床，该新型车床的研究开发费用700万元。公司拟进行投资生产，经预测，该新型车床每台销售价格为4万元，每年至少可销售2,500台。经营期变动成本为销售额的60%，除折旧、摊销费外的固定成本为1,100万元；未来7年间的年价格增长率为7%。本项目的销售价格、变动成本、固定成本（除折旧、摊销）和净营运资本均按7%的年增长率增长。预计2019年厂房的市场价格为600万元，设备的市场价格为100万元。土地不出售，留待公司以后使用。若此项目成立，研究开发费用转化为项目的无形资产在经营期内摊销；若项目不成立，则此项目费用计入公司成本冲销利润。该项目建设期为2年，项目经营寿命期为7年。为生产该新型车床，中国制造机械有限公司需要投资1,000万元建新厂房，其建筑用地成本为5,000万元（已于上一期工程时购得，目前尚无买家）；需要购置专门生产用设备总投资为1,800万元；投产时需净营运资本500万元。该公司建设期有关投资支出的情况见下表。

中国制造机械有限公司投资支出表

单位：万元

项　目 / 年　末	2010	2011	2012	总　计
1. 固定资产				
厂　房	400	600		1,000
设　备			1,800	1,800
固定资产投资总额				2,800

续 表

年末 \ 项目	2010	2011	2012	总 计
2. 净营运资本			500	500
3. 无形资产				
研究开发费用的机会成本	231			231
总 计	631	600	2,300	3,531

若该公司建筑物折旧年限为 20 年,设备折旧年限为 9 年,折旧期末资产无残值,采用直线法提取折旧。所得税税率为 33%,项目筹资的综合资本成本为 13%。

▶实验要求

对中国制造机械有限公司新型车床投资项目进行决策分析。

第三节 项目投资风险分析

实验目的

1. 理解项目风险的内容
2. 掌握项目投资风险调整的方法
3. 掌握项目投资的敏感性分析方法

一、基本知识

1. 项目风险

任何投资都是有风险的,项目投资的风险可以从三个方面分析:

(1)**项目的特有风险**。特有风险是指项目本身的风险,它可以用项目预期收益率的波动性来衡量。

(2)**项目的公司风险**。项目的公司风险是指项目给公司带来的风险,可以用项目对公司未来收入不确定的影响大小来衡量。

(3)**项目的市场风险**。市场风险是指新项目给股东带来的风险。从股东角度来看,项目特有风险被公司资产多样化后剩余的公司风险中,有一部分被股东的资产多样化组合而分散掉,从而只剩下任何多样化组合都不能分散掉的系统风险。

2. 项目风险的处置

对项目投资风险的处置有两种方法。

一种是调整现金流量法。先用一个肯定当量系数把有风险的现金收支调整为无风险的现金收支，然后用无风险的贴现率去计算净现值，以便用净现值法的规则判断投资项目的可取程度。肯定当量系数与现金流量风险程度呈反向变动关系，即风险程度越大，当量系数越小。调整现金流量法的优点是可以根据各年不同的风险程度，分别采用不同的肯定当量系数。缺点是如何合理确定当量系数是个困难的问题。

另一种是风险调整贴现率法。即对高风险项目采用较高的贴现率去计算净现值，然后根据净现值法的规则来决策。风险调整贴现率是风险项目应当满足投资人要求的报酬率，它可以用资本资产定价模型、风险报酬模型或按投资项目风险等级来调整。

3. 敏感性分析

敏感性分析就是假定其他变量不变的情况下，测定某一影响投资项目的主要因素（如寿命、销售量、单价、成本、基准收益率等）发生特定变化时，对其评价指标的影响程度。进行投资方案的敏感性分析，可以找出影响投资方案评价指标的最敏感因素，并测算受敏感性因素影响而使投资方案经济效益可能变动的幅度，揭示其抵御风险能力的大小，为实施项目投资决策的事前控制和采取相应的对策提供依据。

二、实验原理

1. 调整现金流量法

$$\text{风险调整后净现值} = \sum_{t=0}^{n} \frac{a_t \times \text{现金流量期望值}}{(1+\text{无风险报酬率})^t}$$

其中：a_t 是 t 年现金流量的肯定当量系数，它在 0 和 1 之间。

肯定当量系数是指不肯定的 1 元现金流量期望值相当于使投资者满意的肯定的金额的系数。它可以把各年不肯定的现金流量换算为肯定的现金流量。

2. 风险调整折现率法

风险调整折现率＝项目要求的收益率＝无风险报酬率＋项目的 $\beta\times$

（市场平均报酬率－无风险报酬率）

$$调整后净现值=\sum_{t=0}^{n}\frac{预期现金流量}{(1+风险调整折现率)^t}$$

3. 敏感性分析

敏感性分析的主要步骤是：

给定计算净现值的每项参数的预期值，主要包括原始投资、销售收入、成本和费用、终止期价值、资本成本等参数。

根据参数的预期值计算净现值，得到基准净现值。

选择一个变量给定一个假设的变化幅度，计算净现值的变动。

选择第二变量，重复(3)过程，直至每个变量都在预期值的基础上增加或降低若干百分比，同时维持其他变量不变。

列出敏感分析表或画出敏感分析图，找出最敏感的参数。

三、单项训练

▶材料 1

启亚公司正在研究一投资项目，该项目现金流量的概率分布，以及公司按离散程度规定的肯定当量系数如下表所示：

年 限	现金流量(万元)	概 率	肯定当量系数
0	－210	1.0	1.0
1	60	0.3	0.95
	80	0.4	
	100	0.3	
2	80	0.3	0.9
	90	0.4	
	100	0.3	
3	90	0.5	0.85
	100	0.5	
4	80	0.5	0.85
	90	0.5	

假设无风险折现率为10%，用肯定当量法评价该项目的净现值。

▶材料 2

韦德公司进行一工程投资，投资额为 50 万元，8 年中每年可获收入 30 万元，需支付年经营成本 15 万元，资金成本为 10%。

要求：

(1)用净现值法判断该工程的可行性。

(2)测算项目的净现值对投资额、销售收入、年经营成本的敏感性程度，并用评价指标(净现值)达到临界值时所允许某个因素变化的最大幅度表示这种敏感程度。

(3)确定影响评价指标净现值的敏感因素。

四、综合实验

(一)

▶实验材料

立华公司是国内一家最大的家电生产企业，已经上市多年。目前考虑在北京建立一个工厂，生产某一新型产品，公司管理层正在进行项目评价。

(1)公司 2 年前曾在北京以 500 万元购买了一块土地，现计划在这块土地上兴建新的工厂，目前该土地的评估价值为 800 万元。

(2)预计建设工厂的固定资产投资成本为 1,000 万元。该工程将承包给另一公司，工程款在完工投产时一次付清，即可将建设期视为 0。

(3)工厂投产需要营运资本 750 万元。该工厂投入运营后，每年生产和销售 30 万台产品，售价为 200 元/台，单位产品变动成本 160 元。预计每年发生固定成本 400 万元。

(4)由于该项目的风险比目前公司的平均风险高，管理当局要求项目的报酬率比公司当前的加权平均税后资本成本高出 2 个百分点。

(5)该公司目前负债是公司债券，该债券的票面利率为 6%，每年付息，5 年后到期，面值 1,000 元/张，共 1,000 万张；债券当前市价 959 元。所有者权益是普通股，流通在外的普通股共 10,000 万股，市价 22.38 元/股，β 系数 0.875。其他资本来源项目忽略不计。

(6)当前的无风险收益率 5%，预期市场风险溢价为 8%。该项目所需资金按公司当前的资本结构筹集，并可以忽略债券和股票的发行费用。

(7)公司平均税率为 24%。新工厂固定资产折旧年限平均为 8 年(净残值为零)。土地不提取折旧，假设不考虑土地使用权的摊销。

(8)该工厂(包括土地)在运营5年后将整体出售,预计售价600万元。假设投入的营运资本在工厂出售时可全部收回。

▶实验要求

(1)计算该公司的加权平均税后资本成本(资本结构权数按市价计算)。

(2)计算项目评价使用的含有风险的折现率。

(3)计算项目的初始投资、年营业现金流量。

(4)计算该工厂在5年后处置时的税后现金流量。

(5)计算项目的净现值。

(二)

▶实验材料

假设三立公司现有A、B两个投资方案,各年的现金流量及其概率如下表所示。为简化,假设各年的现金流量相互独立。无风险利率为8%,两个方案的风险收益系数为0.2。

年 份	A方案		B方案	
	概 率	年现金净流量	概 率	年现金净流量
0	1.00	−900	1.00	−500
1	0.25	780	0.30	430
	0.50	600	0.40	380
	0.25	400	0.30	260
2	0.20	720	0.10	310
	0.60	500	0.80	250
	0.20	300	0.10	190
3	0.30	560	0.20	220
	0.40	200	0.60	160
	0.30	100	0.20	100

▶实验要求

(1)计算A、B两个投资方案风险调整折现率及净现值。

(2)假设三立公司根据投资项目的历史资料确定的标准离差率与确定等值系数之间的关系如下表所示。

标准离差率	0.00～0.07	0.08～0.23	0.24～0.42	0.43～0.73
确定等值系数	1.00	0.85	0.60	0.40

要求：采用风险调整现金流量法计算A、B两个方案的净现值。

（三）

▶实验材料

大华公司固定资产项目初始投资900,000元，当年投产，生产经营期为15年，按直线法计提折旧，期末无残值。预计该项目投产后每年可生产新产品10,000件，产品销售价格为50元/件，单位成本为32元/件，其中单位变动成本为20元/件，所得税税率为25%，投资人要求的必要报酬率为9%。

▶实验要求

(1)计算该方案的净现值。

(2)假设单价、销量、付现成本、投资额等相关因素分别以10%的幅度向不利方向变动，假设每次只变动一个因素，则有关因素对净现值的影响程度有多大？

第四节　证券投资决策

实验目的

1. 熟悉证券的分类
2. 掌握证券的估价模型
3. 掌握证券组合的报酬率和组合风险的计量
4. 掌握布莱克—斯科尔斯模型

一、基本知识

证券是根据政府的有关法律法规发行的、代表财产所有权或债权的一种信用凭证或金融工具。证券投资是企业通过购买证券的形式进行的投资。科学地进行证券投资，可以充分地利用企业的闲置资金，有利于企业财务目标的实现。

证券可以按照不同的标准进行分类。按证券期限的不同，可分为短期证券和长期证券；按证券的发行主体不同，可分为政府证券、金融证券和公司证券；按证券所体现的经济内容不同，可分为债券、股票和投资基金。

1. 债券

债券是某一社会经济主体为筹措资金而向债券投资者出具的、承诺按一定利率定期支付利息，并到期偿还本金的债权债务凭证。债券一般包含票面价值、利率、偿还期限以及发行主体名称、发行时间等基本要素。债券的种类繁多，通常按发行主体不同，债券可分为政府债券、金融债券和公司债券。

(1)**政府债券**。政府债券是指由中央政府或地方政府发行的债券，通常分为中央政府债券和地方政府债券。

(2)**金融债券**。金融债券是指由银行或者非银行性金融机构为筹集信贷资金而向投资者发行的债券。金融债券按发行条件可以分为普通金融债券、累进利息金融债券和贴现(贴水)金融债券。

(3)**公司债券**。公司债券是指公司依照法定程序发行，约定在一定期限内还本付息的债券。

2. 股票

股票是股份公司为筹集权益资本发行的有价证券，是股东拥有公司股份的凭证。股票的种类繁多，按股东权利和义务分为普通股和优先股；按票面有无记名分为记名股票和无记名股票；按投资主体的不同，可分为国家股、法人股、个人股和外资股；按发行时间的先后可分为始发股和新股；按发行对象和上市地区，分为 A 股、B 股、H 股、N 股和 S 股。从投资的角度来看，普通股根据其风险及投资功能的不同，可以分为以下几种：

(1)**蓝筹股股票**。蓝筹股是指一些经营和资信状况良好的大公司发行的普通股股票，也称热门股股票。

(2)**成长性股票**。成长性股票是指营业收入和利润都具有良好的增长幅度和增长潜力的公司发行的股票。

(3)**周期性股票**。周期性股票是指营业收入和利润呈周期性波动的公司发行的股票。

(4)**防守性股票**。防守性股票是指受经济周期影响较小、收益比较稳定的公司的股票。

(5)**投机性股票**。投机性股票是指价格波动较大、经营前景不确定的公司的股票。

3. 投资基金

投资基金又称共同基金，是一种集合投资制度，由基金发起人以发行收益证券形式汇集一定数量的具有共同投资目的的投资者的资金，委托由投资专家组成的专门投资机构进行各种分散化的投资组合，投资者按出资比例分享投资收益，并共同承担投资风险。投资基金按投资对象不同，分为股票基金、债券基金、期货基金、期权基金和认股权基金等；按组织形态不同，分为契约型基金和公司型基金；按变现方式不同，分为封闭式基金和开放式基金。

(1)**契约型基金**。又称信托基金，是由受益人、管理人和托管者三方作为基金的当事人，由管理人和信托人通过签订信托契约的形式发行收益凭证而设立的一种基金。

(2)**公司型基金**。公司型基金是以公司形态组建，以发行股份的方式募集资金，一般投资者购买该公司的股份即成为股东，凭其持有的基金份额依法享有投资收益。

(3)**封闭式基金**。封闭式基金是指基金发起人在设立基金时，限定了基金单位的发行总额，筹集到这个总额后，基金宣告成立并进行封闭，在一定时期内不再接受新的投资。

(4)**开放式基金**。开放式基金是指基金发起人在设立基金时，基金单位的总数不固定，可视经营策略和发展需要追加发行。

4. 证券组合

证券组合是指投资者对各种证券资产进行选择而形成的投资组合，以期实现资产收益最大化和风险最小化的经济行为。证券投资组合可以按风险等级和报酬高低进行投资组合，也可选择不同的行业、区域和市场的证券作为投资组合。较常见的证券投资组合大多以投资目的和策略为前提，有以下几种：

(1)**保守型证券投资组合**。这种证券投资组合策略是尽量模拟证券市场现状，将尽可能多的证券包括进来，以便分散掉全部可分散风险，得到与市场平均报酬率相同的投资报酬。

(2)**进取型证券投资组合**。这种组合策略是尽可能多选择一些成长性较好的股票，而少选择低风险、低报酬的股票，这样就可以使投资组合的收益高于证券市场的平均收益。这种组合的收益高，风险也高于证券市场的平均风险。

(3)**收入型证券投资组合**。这种投资组合又称稳健型证券投资组合，是以追求低风险和稳定的收益为主要目标，通常选择一些风险不大、收益较好的公司股票。

5. 期权

期权是指一种合约，该合约赋予持有人在某一特定日期或该日之前的任何时间以固定价格购进或售出一种资产的权利。期权的分类很多，按期权合约上的标的划分，有股票期权、股指期权、利率期权、商品期权以及外汇期权等；按期权的权利划分，有看涨期权和看跌期权；按期权的交割时间划分，有美式期权和欧式期权。

(1)**看涨期权**。看涨期权是指期权的买方向期权的卖方支付一定数额的权利金后，即拥有在期权合约的有效期内、按事先约定的价格向期权卖方买入一定数量的期权合约规定的特定商品的权利，但不负有必须买进的义务。而期权卖方有义务在期权规定的有效期内，应期权买方的要求，以期权合约事先规定的价格卖出期权合约规定的特定商品。

(2)**看跌期权**。看跌期权是指期权的买方向期权的卖方支付一定数额的权利金后，即拥有在期权合约的有效期内，按事先约定的价格向期权卖方卖出一定数量的期权合约规定的特定商品的权利，但不负有必须卖出的义务。而期权卖方有义务在期权规定的有效期内，应期权买方的要求，以期权合约事先规定的价格买入期权合约规定的特定商品。

(3)**欧式期权**。欧式期权是指在期权合约规定的到期日方可行使权利，期权的买方在合约到期日之前不能行使权利，过了期限，合约则自动作废。

(4)**美式期权**。美式期权是指在期权合约规定的有效期内任何时候都可以行使权利。

二、实验原理

1. 债券模型

$$PV=\frac{I_1}{(1+i)^1}+\frac{I_2}{(1+i)^2}+\cdots+\frac{I_n}{(1+i)^n}+\frac{M}{(1+i)^n}$$

式中：PV—债券价值；

I—每年的利息；

M—到期的本金；

i—折现率，一般采用当时的市场利率或投资人要求的必要报酬率；

n—债券到期前的年数。

(1)**纯贴现债券**。

$$PV=\frac{F}{(1+i)^n}$$

(2)**平息债券**。

$$PV=\sum_{t=1}^{mn}\frac{I/m}{\left(1+\frac{i}{m}\right)^t}+\frac{M}{\left(1+\frac{i}{m}\right)^{mn}}$$

式中：m—年付利息次数；

n—到期时间的年数；

i—每期的折现率；

I—年付利息；

M—面值或到期日支付额。

(3)**永久债券**。

$$PV=\frac{利息额}{折现率}$$

2. 股票模型

$$V=\frac{D_1}{(1+R_S)^1}+\frac{D_2}{(1+R_S)^2}+\cdots+\frac{D_n}{(1+R_S)^n}=\sum_{t=1}^{\infty}\frac{D_t}{(1+R_S)^t}$$

式中：D_t—t 年的股利；

R_S—折现率，即必要的收益率；

T—折现期数。

(1)**零增长股票**。

$$P_0=D\div R_S$$

(2)**固定增长股票**。

$$P=\sum_{t=1}^{\infty}\frac{D_0\times(1+g)^t}{(1+R_S)^t}$$

式中 g 为常数，固定增长率，当 $R_S>g$ 时，上式简化为：

$$P=\frac{D_0\times(1+g)}{(R_S-g)}=\frac{D_1}{(R_S-g)}$$

3. 证券组合

(1)**证券组合的预期报酬率**。

$$r_p = \sum_{j=1}^{m} r_j A_j$$

式中:r_j—第 j 种证券的预期报酬率;

A_j—第 j 种证券在全部投资额中的比重;

m—组合中的证券种类总数。

(2)**投资组合的风险计量**。

投资组合报酬率概率分布的标准差是:

$$\sigma_p = \sqrt{\sum_{j=1}^{m}\sum_{k=1}^{m} A_j A_k \sigma_{jk}}$$

式中:m—组合内证券种类总数;

A_j—第 j 种证券在投资总额中的比例;

A_k—第 k 种证券在投资总额中的比例;

σ_{jk}—第 j 种证券与第 k 种证券报酬率的协方差,用来衡量它们之间共同变动的程度。

$$\sigma_{jk} = r_{jk}\sigma_j\sigma_k$$

其中:r_{jk}—证券 j 和证券 k 报酬率之间的预期相关系数;

σ_j—第 j 种证券的标准差;

σ_k—第 k 种证券的标准差。

4. 布莱克-斯科尔斯模型

$$C_0 = S_0[N(d_1)] - Xe^{-E_c t}[N(d_2)]$$

$$\text{或 } S_0 = [N(d_1)] - PV(X)[N(d_2)]$$

$$d_1 = \frac{\ln(S_0/X) + [r_c + (\sigma^2/2)]t}{\sigma\sqrt{t}}$$

$$\text{或} = \frac{\ln[S_0/PV(X)]}{\sigma\sqrt{t}} + \frac{\sigma\sqrt{t}}{2}$$

式中:C_0—看涨期权的当前价值;

S_0—标的股票的当前价格;

$N(d)$—标准正态分布中离差小于 d 的概率;

X—期权的执行价格;

e—自然对数的底数，约等于 2.7183；

r_c—无风险利率；

t—期权到期日前的时间(年)；

$\ln(S_0/X)$—S_0/X 的自然对数；

σ^2—股票回报率的方差。

三、单项训练

▶材料 1

已知厦华公司拟购买某公司债券作为长期投资(打算持有至到期日)，折现率为 6%(复利、按年计息)。现有三家公司同时发行 5 年期、面值均为 1,000 元的债券，其中：

甲公司债券的票面利率为 8%，每年付息一次，到期还本，债券发行价格为 1,041 元；

乙公司债券的票面利率为 8%，单利计息，到期一次还本付息，债券发行价格为 1,050 元；

丙公司债券的票面利率为 0，债券发行价格为 750 元，到期按面值还本。

要求：

(1)计算 A 公司购入甲公司债券的价值。

(2)计算 A 公司购入乙公司债券的价值。

(3)计算 A 公司购入丙公司债券的价值。

(4)根据上述计算结果，评价甲、乙、丙三种公司债券是否具有投资价值，并为 A 公司作出应投资何种债券的决策。

▶材料 2

欣富药业股份有限公司是一家高科技药品生产企业。假设欣富药业采用两阶段模型估计股票价格，有关资料如下：

(1)背景信息。2008 年每股收益(EPS)为 0.2639 元，股利支付率为 56.84%，净资产收益率为 7.799%。

(2)高速增长阶段输入变量。预计高速增长期为 5 年，根据欣富药业的历史增长率等相关信息，在此期间欣富药业每股收益年均增长率为 8.3%；根据历史资料统计，欣富药业股权资本成本为 8.572%。

(3)稳定增长阶段输入变量。假设稳定增长率等于预期的经济增长率

(8%);稳定增长时期公司留存收益比率为 60%,即股利支付率为 40%;在稳定时期,估计欣富药业股票 β 系数将上升到 1,其他因素保持不变,则欣富药业股本成本为 9.4%。

欣富药业的一位董事提出,根据红利贴现模型,不论 1 阶段、2 阶段还是 3 阶段,股利越高,估价就会越高,所以公司应该改变原有的鼓励政策,提高股利支付率。

要求:

(1)采用两阶段模型估计股票价格。

(2)分析这位董事的观点是否正确。

▶材料 3

假设某投资组合有 X 和 $Y(Y_1,Y_2,Y_3,Y_4)$中的任一种证券,其相关资料见下表所示。

X 和 Y_i 证券的相关资料

股　票	预期收益率(%)	标准差(%)	相关系数(与股票 X)
X	10.00	12.00	1.00
Y_1	14.00	18.00	−1.00
Y_2	14.00	18.00	−0.25
Y_3	14.00	18.00	0.25
Y_4	14.00	18.00	1.00

要求:计算不同投资组合在不同相关系数下的预期收益率和组合风险大小。

投资比重		预期收益率	不同相关系数下投资组合标准差			
W_x	W_{y_i}	(%)	$\rho_{xy_1}=-1.00$	$\rho_{xy_2}=-0.25$	$\rho_{xy_3}=+0.25$	$\rho_{xy_4}=+1.00$
0%	100%					
10%	90%					
20%	80%					
30%	70%					
40%	60%					
50%	50%					

续 表

投资比重		预期收益率	不同相关系数下投资组合标准差			
W_x	W_{y_i}	(%)	$\rho_{xy_1}=-1.00$	$\rho_{xy_2}=-0.25$	$\rho_{xy_3}=+0.25$	$\rho_{xy_4}=+1.00$
60%	40%					
70%	30%					
80%	20%					
90%	10%					
100%	0%					

▶材料 4

某股票当前价格 25 元，执行价格 25 元，期权到期日前的时间 0.5 年，无风险利率 12%，股票年股利收益率为 20%，股票收益率的方差为 0.36，则股票期权价格为多少？

四、综合实验

(一)

▶实验材料

有一面值为 1,000 元的债券，票面利率为 8%，每年支付一次利息，2010 年 5 月 1 日发行，2015 年 4 月 30 日到期。假设投资的折现率为 10%，现在是 2013 年 4 月 1 日。

▶实验要求

(1)该债券的价值是多少？

(2)建立债券估价动态模型考察债券发行价格与面值、票面利率、折现率、计息期数、到期时间之间的关系，并通过图形反映债券价值与到期时间之间的关系。

(二)

▶实验材料

假设鑫海药业目前处于高增长时期，预期 5 年后，收益增长率开始以线性方式逐渐过渡到稳定增长阶段，预计这一时期将持续 5 年。与价值评估有关的资料如下所示：

(1)背景信息。2005 年公司每股收益为 4.0 元,每股股利为 0.8 元,则股利支付率=0.8/4.0=20%。2005 年净资产收益率为 20%。

(2)高速增长阶段输入变量。高速增长期为 5 年,根据 2005 年的 ROE 和留存收益比率,高速增长阶段预期增长率为:20%×(1-20%)=16%;高速增长阶段公司股票 β 系数为 1.25,同期无风险利率为 6.5%,市场风险溢价为 5.5%,则股票成本为:6.5%+1.25×5.5%=13.375%。

(3)过渡阶段的输入变量。过渡期为 5 年,收益增长率从第 5 年末的 16%下降到第 10 年末的 6%的稳定增长率;股利支付率以线性递增方式从目前的 20%上升到第 10 年末的 60%;公司股票 β 系数将呈线性从第 5 年末的 1.25 逐渐下降到第 10 年末的 1,无风险利率为 6.5%,市场风险溢价为 5.5%,则过渡期股权资本成本为 12%。

(4)稳定增长阶段的输入变量。预期增长率为 6%,股利支付率为 60%,股权资本成本为 12%。

▶实验要求

根据上述各种输入变量估计鑫海药业预期的每股收益、股利支付率、每股股利、股权资本成本及股利现值。

(三)

▶实验材料

新民公司的普通股最近一个月来交易价格变动很小,投资者确信三个月后其价格将会有很大变化,但是不知道它是上涨还是下跌。股票现价为每股 100 元,执行价格为 100 元的 3 个月看涨期权售价为 10 元(预期股票不支付红利)。

▶实验要求

(1)如果无风险实际利率为每年 10%,执行价格 100 元的三个月的 A 公司股票的看跌期权售价是多少?(精确到 0.0001 元)

(2)投资者对该股票价格未来走势的预期,会构建一个什么样的简单期权策略?价格需要变动多少,投资者的最初投资才能获利?(精确到 0.01 元)

第三章

营运资金管理

第一节 现金管理

实验目的

1. 掌握现金预算的编制
2. 掌握现金最佳余额的确定

一、基本知识

现金是指企业以各种货币形态占用的资产，包括库存现金、银行存款及其他货币资金。

1. 持有现金的动机

(1)**交易动机**。在企业的日常经营中，为了正常的生产销售的运行必须保持一定的现金余额。

(2)**预防动机**。现金的流入和现金的流出是不确定的，为了应付突发事件和偶然情况，企业必须持有一定的现金余额来保证生产经营的安全顺利进行。

(3)**补偿动机**。银行为企业提供服务时，往往需要企业在银行中保留一定的存款余额来补偿服务费用。

(4)**投资动机**。企业在保证生产经营正常进行的基础上，还期望有一些回报率较高的投资机会，所以也需要持有一定的现金。

2. 现金管理的目标

现金是一种流动性最强的资产，又是一种盈利性最差的资产。因此，现金过多会使企业盈利水平下降；而现金太少，又有可能出现现金短缺，影响生产经营。而且，在现金余额问题上，也存在着风险与报酬的权衡问题。所以，现金管理的目标是在现金的流动性和收益性之间进行合理选择，在保证正常业务经营需要的同时，尽可能降低现金的占用量，并从暂时闲置的现金中获得最大的投资效益。

3. 现金管理的内容

编制现金收支计划，合理估计未来的现金需求。

对日常的现金收支进行控制，力求加速收款，延缓付款。

确定最佳现金余额。

当企业实际现金余额与最佳现金余额不一致时，采取短期筹资策略或归还借款和投资有价证券等策略来达到最佳现金余额水平。

4. 现金持有量决策

(1)**现金周转模式**。现金周转模式是根据存货周转期、应收账款周转期和应付账款周转期之间的关系来确定现金的周转期，在此基础上，根据企业年现金需求总额来确定最佳现金余额的一种方法。现金周转模式简单明了，易于计算。但是这种方法假设材料采购与产品销售产生的现金流量在数量上一致，企业的生产经营过程在一年中持续稳定地进行，即现金需要和现金供应不存在不确定的因素。

(2)**因素分析模式**。因素分析模式是根据上年现金占用额和现金不合理占用、预计销售收入等因素的变动情况，来确定最佳现金余额的一种方法。因素分析模式考虑了影响现金余额高低的最基本因素，计算也比较简单。但是这种模式也是建立在现金需求量与营业量呈同比例增长的假设基础上。

(3)**成本分析模式**。成本分析模式是通过分析持有现金的成本，寻求持有成本最低的目标量。企业持有的现金，将会有三种成本：机会成本、管理成本和短缺成本。现金持有量越多，机会成本就越高，而短缺成本就越低。管理成本是一种固定成本，与现金持有量之间无明显的比例关系。通过计算比较各个现金持有量方案的总成本。选取总成本最低的方案为最优方案的一种方法。

(4)**存货模式**。确定现金最佳余额的存货模式来源于存货的经济批量模型，目的是现金余额总成本最小。

现金余额总成本包括两个方面：一是现金持有成本。即持有现金所放弃的报酬，是持有现金的机会成本，这种成本率通常为有价证券的利息率，机会成本与现金余额成正比例变化。二是现金转换成本。即现金与有价证券转换的成本，如经纪人费用、捐税及其他管理成本，这种成本只与交易的次数有关，而与持有现金的金额无关。

如果现金余额大，则持有现金的机会成本高，但转换成本可减少。如果现金余额小，则持有现金的机会成本低，但转换成本要上升。两种成本合计最低条件下的现金余额即为最佳现金余额。

(5)**随机模式**。随机模式是在现金需求量难以预知的情况下进行现金持有量控制的方法。企业可根据历史经验和现实需求，测算出一个现金持有量的控制范围，即制定出现金持有量的上限和下限，将现金控制在上、下限之内。当现金量降到控制下限时，则抛售有价证券，使现金持有量回升。若现金控制在上、下限之内，便不必进行现金与有价证券的转换，保持它们各自现有的存量。随机模式建立在企业的现金未来需求总量和收支不可预测的前提下，因此，计算出来的现金持有量比较保守。

二、实验原理

1. 现金预算

现金收入＝营业现金收入＋其他现金收入

现金支出＝营业现金支出＋其他现金支出

净现金流量＝现金收入－现金支出

＝(营业现金收入＋其他现金收入)－(营业现金支出＋其他现金支出)

现金余缺额＝期末现金余额－最佳现金余额

＝(期初现金余额＋现金收入－现金支出)－最佳现金余额

＝期初现金余额＋净现金流量－最佳现金余额

2. 现金周转模型

现金周转期＝存货周转期＋应收账款周转期－应付账款周转期

最佳现金余额＝企业年现金需求总额×现金周转期/360

3. 因素分析模型

最佳现金余额＝(上年现金平均占用额－不合理占用额)×(1±预计销售收入变化的百分比)

4. 成本分析模型

持有现金成本＝机会成本＋管理成本＋短缺成本

机会成本＝现金持有量×有价证券利率

5. 存货模型

最佳现金持有量＝

$$\sqrt{\frac{2\times \text{现金交易性成本}\times \text{企业在一定时期内耗用的现金量}}{\text{持有现金的机会成本}}}$$

$$C^{*}=\sqrt{\frac{2TF}{R}}$$

式中：C^{*}—最佳现金持有量；

T—企业在一定时期内耗用的现金量；

F—现金交易性成本；

R—持有现金的机会成本。

6. 随机模型

$$\begin{aligned} H &= 3\sqrt{\frac{3b\delta^{2}}{4r}}+L \\ &= 3R-2L \end{aligned}$$

式中：R—目标现金余额；

H—上限；

L—下限；

b—每次有价证券的固定转换成本；

δ^{2}—预期每日现金余额变化的标准差；

r—有价证券的日收益率。

三、单项训练

▶材料 1

大有公司有以下四种现金持有方案，各方案的机会成本、管理成本和短缺成本如下：

项　目	甲方案	乙方案	丙方案	丁方案
现金持有量	30,000	50,000	80,000	110,000
机会成本	3,000	5,000	8,000	11,000
管理成本	20,000	20,000	20,000	20,000
短缺成本	10,000	7,000	2,000	0

要求：计算四种方案的现金持有总成本，并进行决策分析。

▶材料 2

申华公司 2010 年现金实际平均占用额为 1,000 万元，经分析，其中不合理现金占用额为 20 万元。2010 年预计销售收入可比上年增长 15%，现金周转速度加快5%。

要求：确定该企业2011年的现金最佳持有量。

▶材料3

利康公司的材料采购和产品销售都采用赊销方式，其应收账款的周转期为30天，应付账款的周转期为40天，存货周转期为50天。预计该企业2009年的现金需求总量为1,080万元。

要求：确定该企业2009年的最佳现金持有量。

▶材料4

广厦公司的现金流量一直比较稳定，预计全年现金需求总量为250,000元，现金与有价证券的转换成本每次500元，有价证券的利息率为10%。

要求：确定该企业的最佳现金持有量。

▶材料5

四方公司有价证券的年利率为9%，每次固定转换成本为50元，公司规定任何时间其银行存款及现金余额均不得低于1,000元，根据以往经验测算，现金余额波动的标准差为800元。

要求：确定该公司的现金余额的上限及下限，并分析现金与有价证券的转换。

▶材料6

利盛公司拟采购一批零件，供应商报价如下：

(1)立即付款，价格为19,260元；

(2)30天内付款，价格为19,500元；

(3)31天至60天内付款，价格为19,740元；

(4)61天至90天内付款，价格为20,000元。

要求：

(1)假设银行短期贷款利率为15%，每年按360天计算，计算放弃现金折扣的成本(比率)，并确定对该公司最有利的付款日期和价格。

(2)若目前有一短期投资机会，报酬率为40%，确定对公司最有利的付款日期和价格。

四、综合实验

▶实验材料

利奥公司生产和销售一种产品，2009 年预期销售量中每季度实现现金收入 70%，其余 30%下季度才能收现。该企业的销售预算、生产预算如下表：

销售预算表

项　目	第一季度	第二季度	第三季度	第四季度	全年合计
预计销售量(件)	3,200	3,000	2,800	3,500	12,500
销售单价(元)	100	100	100	100	100
销售收入(元)	320,000	300,000	280,000	350,000	1,250,000

生产预算表

单位:件

项　目	第一季度	第二季度	第三季度	第四季度	全年合计
预计销售量	3,200	3,000	2,800	3,500	12,500
加:预计期末存货	180	250	300	250	250
减:预计期初存货	200	180	250	300	200
预计生产量	3,180	3,070	2,850	3,450	1,2550

其他相关预算资料如下：

(1)生产部门提供资料，该产品单位材料耗用量为 5 千克，每千克 10 元，直接材料采购中每季度付现 60%，另 40%在下季度付清，不享受现金折扣；上年度末尚需支付直接材料款 48,800 元。另外，公司采用计时工资制，每工时为 3 元，生产单位产品需要直接人工工时为 5 小时。

(2)企业全年制造费用 25 万元，其中折旧费 5 万元；销售和管理费用 15 万元，其中折旧费 3 万元。并且费用在各季度平均发生。

(3)公司计划 2009 年度向股东支付股利两次，分别为二、四季度末各支付 20,000 元。

(4)公司计划 2009 年第一季度购买设备一台，为此需投入资金80,000 元，设备款在第一、三季度分别支付 20,000 元和 60,000 元。如果现金储备不足时，可通过银行贷款方式解决，并在现金充裕时部分或全额归还贷款。银行借款以千元为单位，按季初借入，季末还本付息，银行借款年利率 10%。

(5)财务部门预计下年度各季度需缴纳所得税 25,000 元。根据公司以往财务经验,要保证生产经营的顺利进行,各期期末需有10,000元现金余额储备。2009年初现金余额预计15,000元。

▶实验要求

1. 编制现金收入预算表;
2. 编制直接材料预算表;
3. 编制直接人工预算表;
4. 编制现金预算表。

第二节 存货管理

实验目的

1. 掌握经济批量的确定方法与决策
2. 掌握订货点的确定方法与决策
3. 掌握存货储存期的控制方法
4. 掌握存货削价处理决策方法
5. 掌握仓库物流总成本的确定方法

一、基本知识

1. 存货的功能

储存必要的原材料和在产品,可以保证生产正常进行。

储存必要的原材料和在产品,有利于销售。

储存必要的原材料和在产品,便于组织均衡生产。

储存必要的原材料和在产品,可以防止意外事件造成的损失。

2. 存货成本

存货管理的目标是使企业保持科学合理的存货水平,在保证需要的前提下,权衡存货成本与存货效益,使存货的总成本最小。

存货的有关成本包括:

(1)**采购成本**。采购成本由买价、运杂费等构成。采购成本一般与采购数量成正比。

(2)**订货成本**。订货成本是指订购材料、商品等发生的成本。订货成本与订购数量无关,它可分为订货的固定成本和订货的变动成本。订货的固定成本与订货次数无关,订货的变动成本与订货的次数有关。

(3)**储存成本**。储存成本是指为保持存货而发生的成本,包括存货占用资金所计的利息、仓储费用、保险费用、存货破损和变质损失等。

(4)**管理成本**。管理成本包括仓储管理人员成本、物流信息成本和物流单据成本等。

(5)**缺货成本**。缺货成本是指由于存货供应中断而造成的损失,包括材料供应中断造成的停工损失、产成品库存缺货造成的拖欠发货损失和丧失销售机会的损失。如果生产企业以紧急采购代用材料解决库存材料中断之急,那么缺货成本表现为紧急额外购入成本。

3. 经济批量

经济批量又称经济订货量,是指一定时期使存货总成本最小的采购批量。在构建经济批量的基本模型时假设:

能够及时补充存货。

所订购的全部存货能够一次到位。

没有缺货成本。

需求量稳定且能准确预测。

存货供应稳定且单价不变。

企业现金充足,不会因为现金短缺而影响进货。

4. 存货处置控制

企业的各种存货按照销售状况和盘存记录,可以分为畅销、平销及滞销三种情况。前两种通称适销存货,后一类属于不适销或积压有问题存货。对滞销存货要权衡利弊,从盘活资金的角度出发,合理地进行削价处理。

在企业进行存货削价处理时,应根据削价处理的损失额减去盘活资金的再投资收益的净损失额与存储待销增加的成本费用比较。当削价处理的净损失额小于待机销售的成本费用增加额时,可以进行削价处理;否则,当削价处理的净损失额大于待机销售的成本费用增加额时,应当待机销售。

二、实验原理

1. 存货成本

(1)**采购成本的计算**。

采购成本$=D\times U$

式中：U—单价；

D—存货年需要量。

(2)**订货成本的计算**。

订货成本=订货固定成本+订货变动成本

$=F_1+(D/Q)\times K$

式中：F_1—订货的固定成本；

D—存货年需要量；

Q—单位进货量；

K—订货的单位变动成本。

(3)**储存成本的计算**。

储存成本=储存固定成本+储存变动成本

$=F_2+K_C\times Q/2$

式中：F_2—储存固定成本；

Q—单位进货量；

K_C—单位储存变动成本。

(4)**管理成本的计算**。

管理成本=仓储管理人员成本+物流信息成本+物流单据成本

$=C_w+C_i+C_p$

(5)**缺货成本的计算**。

缺货成本用 TC_S 表示。

存货的总成本为：

$$TC=D\times U+[F_1+(D/Q)\times K]+[F_2+K_C\times(Q/2)]+(C_w+C_i+C_p)+TC_S$$

2. 经济订货量的基本模型

经济订货量的基本模型：

$$Q^*=\sqrt{\frac{2K\times D}{K_C}}$$

每年最佳订货次数 N^*：

$$N^*=\frac{D}{Q}=\sqrt{\frac{D\times K_C}{2K}}$$

存货总成本 $TC(Q^*)$：

$$TC(Q^*)=\sqrt{2\times k\times D\times K_C}$$

最佳订货周期 t^*：

$$t^*=\frac{1}{N^*}=\sqrt{\frac{2K}{D\times K_C}}$$

经济订货量占用资金 I^*：

$$I^*=\frac{Q^*}{2}\times U=\sqrt{\frac{K\times D}{2K_C}}\times U$$

3. 经济批量的扩展模型

(1)**订货提前期**。如果存货不能做到随时补充，则需要在没有用完时提前订货。在企业再次发出订货单时尚有的存货库存量称为再订货点，再订货点的计算公式如下：

$$R=L\times d$$

式中：R—再订货点；

L—交货天数；

d—每日存货平均需要量。

订货提前期对经济订货量并无影响，只是改在达到再订货点时发出订货单。

(2)**存货陆续供应**。如果存货陆续供应，则经济批量的公式为：

$$Q^*=\sqrt{\frac{P}{P-d}\times\frac{2K\times D}{K_C}}$$

式中：P—每日送货量。

(3)**保险储备** B。保险储备是指为避免可能发生缺货而造成损失而多储备的存货。这样再订货点则相应提高为：

$$R=L\times d+B$$

建立保险储备，可以使企业避免缺货成本，但存货平均储备量加大会使储备成本升高。确立合理的保险储备就是使缺货成本 TC_S 和保险储备成本 TC_B 之和最小的保险储备。

$$TC_S+TC_B=K_U\times S\times N+B\times K_C$$

式中：K_U—单位缺货成本；

S—缺货量；

K_C—单位储存变动成本；

B—保险储备量。

4. 存货的处置

$$M=K\times X-K(1-X)R\times D$$

式中:M—存货削价处理的净损失额;

K—存货成本;

X—削价幅度;

R—再投资的日收益率;

D—待机销售的储存天数。

$$N=K\times(L+P+S)\times D$$

式中:N—待机销售的成本费用增加额;

L—日借款利息率;

P—日保管费用率;

S—日存货损耗率;

D—待机销售的储存天数。

三、单项训练

▶材料1

大华公司甲材料的年需要量为4,000吨,每吨标准进价为200元。销售企业规定:客户每批购买量1,000吨以下,按标准价格计算;每批购买1,000吨以上2,000吨以下的,价格优惠2%;每批购买2,000吨以上的,价格优惠3%。已知每批进货费用60元,单位材料的年储存成本3元。

要求:

(1)计算最佳经济采购批量。

(2)假如允许缺货情况存在,单位缺货成本5元,请预测企业平均缺货量以及允许缺货时的经济批量。

▶材料2

嘉华超市集团公司购进商品1,000件,单位进价100元,单位售价120元,经销该商品的一次费用10,000元。若货款均来自银行贷款,年利率10%,该批存货的月保管费用率3‰,销售税金及附加800元。

要求:

(1)计算该批存货的保本期。

(2)若企业要求获得3%的投资利润率,计算该批存货的保利期。

(3)若该批存货实际储存 200 天,能否实现 3%的目标投资利润率。

(4)若该批存货亏损了 2,000 元,则实际储存了多久?

▶材料 3

利盛公司第 1 月末甲存货 200 万元已过时令,需要到第 4 月初才能进入下一个销售旺季。银行年借款利率 10%,年保管费用率 1.44%,年损耗率 0.72%。现有客户拟以 180 万元的价格购买全部甲存货,如果企业平均投资收益率 21.6%,请问公司是否接受这一削价订单?

▶材料 4

华强企业全年需用甲种零件 22,000 件,每件价格为 3 元,若一次购买量达到 4,000 件以上时,则可获 3%的价格优惠。已知固定订货成本每年为 1,000 元,变动订货成本每次 30 元,固定储存成本每年为 5,000 元,单位变动储存成本 1.5 元/年。如自行生产,每件成本为 2.5 元,每天可生产 100 件,每天耗用 62.5 件,固定的生产准备费用每年 1,200 元,每次变动生产准备费用 300 元,自制零件的单位变动储存成本 1.4 元,固定储存成本每年为 5,000 元。

要求:

(1)企业每次订购多少件才能使该零件的总成本最低?外购零件的总成本为多少?

(2)若自制该零件,应分几批生产,才能使生产准备成本与储存成本之和最低?

(3)比较企业自制与外购的总成本,应选择何方案?

(4)比较企业自制与外购的存货占用资金。

▶材料 5

鑫富企业为一大型企业,在浙江省共有 7 个仓库,且分布在省内各地,由各地办事处进行管理。企业各种产品从工厂下线后,根据总部物资部的运输指令移转到 7 个仓库中,用于满足各地客户的需求。

仓　库	面积(米^2)	仓　库	面积(米^2)
A	1,000	E	200
B	200	F	200
C	250	G	500
D	300	合计	2,650

库存资金占用情况如下：

项 目	21	25	29	32	34	38	合 计
6月	2,228	1,075	2,538	0	816	27	6,684
7月	1,685	1,013	3,021	9	825	15	6,568
8月	1,538	1,072	2,617	24	566	13	5,380

该企业8月库存资金成本如下：

仓库名称	产品规格	正品数（台）	合计（元）	仓库名称	产品规格	正品数（台）	合计（元）
A仓库	14	8	6,240	D仓库	10	5	2,900
	21	226	221,480		21	215	210,700
	25	78	123,240		25	85	134,300
	29	316	733,120		29	181	419,920
	32	2	25,600		32	2	25,600
	34	39	175,500		34	22	99,000
	38	0	0		—	—	—
	合计	669	1,285,180		合计	510	892,420
B仓库	10	3	1,740	E仓库	14	10	892,420
	14	8	6,240		20/21	250	245,000
	20/21	409	400,820		25	133	210,140
	25	503	794,740		29	360	835,200
	28/29	1,062	2,463,840		32	2	25,600
	32	14	179,200		34	51	229,500
	34	330	765,600		38	0	0
	36	9	163,800		合计	806	1,553,240
	38	5	33,750				
	合计	2,343	5,529,130				

续 表

仓库名称	产品规格	正品数（台）	合计（元）	仓库名称	产品规格	正品数（台）	合计（元）
C仓库	20/21	232	227,360	F仓库	14	3	2,340
	25	133	210,140		21	206	201,880
	29	330	765,600		25	140	221,200
	32	3	38,400		29	368	853,760
	34	78	531,000		32	2	25,600
	38	6	40,500		34	46	207,000
	合计	822	1,813,000		38	2	13,500
					—	—	—
					合计	767	1,525,280
总　计		3,834	8,627,310	合　计		2,093	3,970,940

仓储成本计算如下表：

仓库名称	面积(米^2)	租金(元)	月仓储作业费(元)
A	1,000	8,000	960
B	200	1,400	304
C	250	1,875	45
D	300	2,100	260
E	200	900	202
F	200	1,000	200
G	500	3,000	875
合　计	2,650	17,875	2,846

该企业省总部仓库管理人员 3 人，月薪 2,500 元；另有当地管理人员 5 人，月薪 900 元。库存物流信息费约为仓储管理费的 5%，库存单证费约为物流信息费的 10%；如果资金月利息按银行利率 $i=0.456\%$ 计算，在不考虑缺货和订货费用的情况下，计算企业的物流总成本。

四、综合实验

▶实验材料

假定企业存货的年需求量 D 为 3,600 件，单位储存变动成本 K_C 为 2 元，单位订货成本 K 为 25 元，单价 U 为 10 元，单位缺货成本 K_U 为 4 元，交货时间 L 为 10 天，日耗用量 d 为 10 件，每日送货量 P 为 30 件。交货期的存货需求量及概率如下表所示。

交货期的存货需求量及概率

需求量(件)	70	80	90	100	110	120	130
概率(%)	1	4	20	50	20	4	1

▶实验要求

1. 计算存货的经济批量 Q^*、订货次数 N^*、再订货点 R、最佳订货周期 t^*、总成本 $TC(Q^*)$和经济订货量占用资金 I^*。

2. 计算不同保险储备下的总成本并从中选优。

第三节 应收账款管理

实验目的

1. 掌握信用政策变动对相关因素影响程度的计算方法
2. 熟悉企业收账政策的决策过程

一、基本知识

应收账款的功能在于，一方面增加企业的销售，另一方面减少企业存货。应收账款管理的目标是要制定合理的信用政策，包括信用期限、信用标准和现金折扣政策。采用这种信用政策预计将增加的收益与增加的成本之间进行平衡。

1. 应收账款的成本

(1)**机会成本**。企业资金如果不投放于应收账款，便可以用于其他投资并获得收益。这种因投放于应收账款而放弃的其他收入，即为应收账款的机会成本。这种成本一般按有价证券的利息率计算。

(2)**管理成本**。管理成本主要包括调查顾客信用情况的费用、账簿的记录费用、收账费用等。

(3)**坏账成本**。应收账款因故不能收回而发生的损失,即为坏账成本。坏账成本一般与应收账款的数量成正比。

2. 应收账款政策

(1)**信用标准**。信用标准是指企业同意向顾客提供商业信用而提出的基本要求。通常以预期的坏账损失率作为判断标准。如果顾客达不到该项信用标准,就不能享受公司的信用或只能享受较低的信用优惠。

(2)**信用条件**。信用条件是指企业要求顾客支付赊销款的条件,包括信用期限、折扣期限和现金折扣。

信用期限是企业给予顾客规定的最长付款时间。信用期限过短,不足以吸引顾客,会使销售额下降;信用期限过长,对销售额增加固然有利,但所得的收益有时会被增长的费用抵消,甚至造成利润减少。所以要制定出恰当的信用期限。信用期限的确定,主要是分析改变现行信用期限对收入和成本的影响。

现金折扣是在顾客提前付款时给予的优惠。主要目的在于吸引客户为享受优惠而提前付款,缩短平均收账期。同时也能招揽一些视折扣为减价的顾客前来购货,借此扩大销售量。

折扣期限是为顾客规定的可享受现金折扣的付款时间,通常现金折扣与折扣期限应该结合使用。

二、实验原理

1. 信用政策变动对利润的影响

利润增减量=新方案销售额增减量×销售利润率

2. 信用政策变动对应收账款机会成本的影响

机会成本增减量=[(新方案平均收账期-原方案平均收账期)/360×原方案销售额+(新方案销售收账期/360)×新方案增减销售额]×变动成本率×应收账款机会成本率

3. 信用政策变动对坏账损失的影响

坏账损失增减量=新方案销售额×新方案坏账损失率-原方案销售

额×原方案坏账损失率

4. 信用政策变动对现金折扣成本的影响

现金折扣成本增减量＝新方案销售额×新方案现金折扣率×新方案需付现金折扣的销售额占销售额的百分比－原方案销售额×原方案现金折扣率×原方案需付现金折扣的销售额占销售额的百分比

5. 信用政策变动对收账成本的影响

收账成本的增减量＝新方案销售额×新方案收账成本率－原方案销售额×原方案收账成本率

6. 信用政策变动对净收益的影响

净收益＝利润增减量－机会成本增减量－坏账损失增减量－现金折扣成本增减量－收账成本的增减量

三、单项训练

▶材料 1

大华公司预测 2010 年度赊销额为 3,000 万元，其信用条件是：*n*/30，变动成本率为 60%，机会成本率 5%。假设企业收账政策不变，固定成本总额不变。该企业现有 A、B、C 三个备选方案：A. 维持现有信用条件；B. 将信用期限延长至 60 天；C. 将信用期限延长至 90 天。其他有关资料如下：

A、B、C 三种方案资料表

项　目	A	B	C
信用条件	*n*/30	*n*/60	*n*/90
年赊销额(万元)	3,000	4,000	5,000
平均收账天数	30	60	90
收账费用(万元)	20	50	100
维持赊销业务所需资金(万元)	150	400	750
坏账损失率(%)	2	3	4

如果公司认为 C 方案 90 天的赊销期限不安全，再提出一个改进方案

D:将C方案的付款条件改为“2/20,1/50,*n*/90”,估计有50%的客户会在20天内付款,30%的客户会在50天内付款。坏账损失率降为3%,收账费用降为150万元。

要求:分析A、B、C、D方案,并作出决策。

▶材料2

利盛公司由于目前的收账政策过于严厉,不利于扩大销售,并且收账费用较高。该公司经过研究决定放宽收账政策,现有甲、乙两个备选方案,相关数据如下:

三种方案的相关资料

项　目	现行收账政策	甲方案	乙方案
销售额(万元/年)	2,400	2,600	2,700
收账费用(万元/年)	40	20	10
平均收账期(月)	2	3	4
坏账损失率(%)	2	2.5	3

已知该公司的销售毛利率为20%,应收账款投资要求的最低报酬率为15%,假设不考虑所得税的影响。

要求:通过计算分析,企业能否改变现行的收账政策?如果要改变,应选择甲方案还是乙方案?

四、综合实验

▶实验材料

假设Denis电子公司只生产一种产品,目前的状况为:

(1)年销售额(全部赊销)为8,000,000元。

(2)应收账款平均回收期为30天,坏账水平为240,000元。

(3)公司要求的税前收益率为15%。

(4)各种成本合计占销售价格的75%,即营业利润为25%。

公司考虑改变现有赊销策略,将赊销条件由目前的30天内付款,无现金折扣改为“1/30,*n*/60”,赊销条件改变后,预计产生的结果:

(1)有一半的客户会在第30天付款,相应享受1%的现金折扣,而另一半客户会在第60天付款,相应放弃折扣。

(2)应收账款平均回收期从30天增加到45天。

(3)销售额增加 1,000,000 元,尽管新客户会带来新的利润,但同时也会带来更多的坏账。假定原销售收入产生的坏账水平不变,新增销售中的坏账比例为 6%。

(4)为了适应增加销售的需要,有必要将平均库存水平在 1,000,000 元的基础上增加 1,025,000 元。

▶实验要求

1. 赊销策略的改变是否可行?为什么?

(1)分析信用条件的变化对 Denis 公司利润的影响。

(2)分析信用条件的变化对 Denis 公司应收账款机会成本的影响。

(3)分析确定现金折扣成本的变动情况。

(4)分析信用条件的变化对 Denis 公司坏账损失的影响。

(5)分析确定信用政策变动给 Denis 公司带来的净收益。

2. 该企业可以考虑采用哪些方式来改变赊销策略?

3. 应收账款投资水平由哪几个因素决定?其中哪些因素才是真正能由企业财务经理控制的决策变量?

4. 该企业将其销售条件由无条件折扣改为有折扣,是否增大了企业的成本?为什么?

5. 评价顾客信用风险的常用方式是什么?

6. 应收账款控制的重心是什么?

7. 商业信用投资(或筹资)为什么在市场经济条件下盛行?

8. 商业信用的实质是什么?

9. 若 Denis 公司仍嫌其信用标准较紧,拟再次改变赊销策略,采用更为宽松的赊销,即将赊销条件变更为:“2/30,1/60,n/90”,预计产生结果:

(1)有 2/3 的客户会在第 30 天付款,1/6 的客户会在第 60 天付款,而另外 1/6 的客户则放弃现金折扣,在第 90 天付款。

(2)应收账款平均回收期延长为 45 天。

(3)销售额增加 500,000 元,新增销售额中的坏账比例为 10%。

(4)平均库存水平增加到 1,050,000 元。

试分析再次改变赊销策略是否可行?为什么?

第四章

利润管理

第一节 利润分配

实验目的

1. 熟悉利润分配的内容和程序
2. 掌握利润分配的经济结果

一、基本知识

1. 利润分配的原则

利润分配是企业财务活动的重要内容。从财务管理的角度来看，利润分配直接关系着企业的投资人、债权人、经营者及职工的利益，进行利润分配必须正确处理各利益相关方的关系。

企业在进行利润分配时应当在依法分配、兼顾各方面利益、分配与积累并重、投入与收益对等的原则下进行，同时还应充分考虑法律、公司本身、股东、债务契约、通货膨胀等相关因素的影响。

2. 利润分配的程序

企业利润分配程序主要包括息税前利润分配、利润总额分配和税后利润分配三个基本步骤。

(1)**息税前利润的分配**。主要包括支付债务资本的利息和利润总额的计算。

(2)**利润总额的分配**。主要包括用税前利润弥补亏损以及企业所得税和税后利润的计算。

(3)**税后利润的分配**。主要包括提取法定公积金和任意公积金、支付股东股利的计算。

3. 股利的种类

股份公司发放股利的形式有现金股利、股票股利、财产股利和负债股利。目前我国有关法律规定只能采用现金股利和股票股利形式。

现金股利是股份公司以现金的形式发放给股东的股利。

股票股利是企业将应分配给股东的股利以股票的形式发放。可以用于发放股票股利的，除了当年的可供分配利润外，还有公司的盈余公积金。

财产股利是以现金以外的资产支付的股利，它主要有两种基本形式：一是证券股利，即以本公司持有的其他公司的有价证券或政府公债等证券作为股利发放；二是实物股利，即以公司的物资、产品或不动产等充当股利。

负债股利是公司以负债支付的股利，通常以公司的应付票据支付股东，在不得已的情况下也有发行公司债券抵付股利的。

4. 股利的支付程序

股份公司分配股利必须遵循法定的程序，一般先由董事会提出分配预案，然后提交股东大会决议通过才能进行分配。股东大会决议通过分配预案后，要向股东宣布发放股利的方案，并确定股权登记日、除息日和股利发放日。

(1)**股利宣告日**。公司董事会宣布分派股利的日期。

(2)**股权登记日**。有权领取股利的股东有资格登记截止日期。

(3)**除息日**。领取股利的权利与股票相互分离的日期。

(4)**股利发放日**。将股利正式支付给股东的日期。

二、实验原理

(1)**计算可供分配的利润**。

(2)**计提法定公积金**。一般为弥补亏损后税后利润的 10%。

(3)**计提任意公积金**。任意公积金的计提由股东大会决定。当公积金累计额达到公司注册资本的 50%，可不再提取。

(4)**向股东支付股利**。

三、单项训练

▶材料 1

华美公司年终利润分配前的股东权益项目资料如下表所示。公司股票的每股现行市价为 35 元。

股东权益项目

单位：万元

项目	金额
股本—普通股(每股面值 2 元，200 万股)	400
资本公积金	160

续 表

未分配利润	840
所有者权益合计	1,400

(1)计划按每10股送1股的方案发放股票股利,并按发放股票股利后的股数派发每股现金股利0.2元,股票股利的金额按现行市价计算。计算完成这一分配方案后股东权益的各项目数额。

(2)假设按1股换2股的比例进行股票分割,计算股东权益各项目数额以及普通股股数。

(3)假设利润分配不改变市净率,公司按每股10股送1股的方案发放股票股利,股票股利按现行市价计算,并按新股发放现金股利,且希望普通股市价达到每股30元,计算每股现金股利。

▶材料2

维科公司2010年末的所有者权益总额为9,000万元,普通股6,000万股。目前的资本结构为长期负债占55%,所有者权益占45%,没有需要付息的流动负债。该公司的所得税税率为30%。预计继续增加长期债务不会改变目前11%的平均利率水平。董事会在讨论2011年资金安排时提出:

(1)计划年度分配现金股利0.05元/股;

(2)为新的投资项目筹集4,000万元的资金;

(3)计划年度维持目前的资本结构,并且不增发新股,不举借短期借款。

测算一下实现董事会上述目标所需要的息税前利润。

▶材料3

华夏公司2010年实现税后净利润2,000万元,年初未分配利润为250万元,2011年需增加投资资本1,000万元。目标资本结构为权益与负债之比为5∶5,公司发行在外的普通股为1,000万股,采用剩余股利政策进行股利分配,按10%的比例提取法定公积金,现在每股市价20元。

(1)计算可供分配利润以及提取法定公积金的数额。

(2)计算2010年应发股利、每股股利、每股收益和年末未分配利润。

(3)假设发放股票股利后盈利总额不变,市盈率不变,欲通过发放股票股利将股价维持在16～18元/股的理想范围之内,则股票股利发放率应为多少?

▶材料 4

三利公司经批准在 2010 年通过增发股票来融资，已发行股票的每股市价为 12 元，该公司 2009 年缴纳所得税为 500 万元，税后利润的 20%作为公积金，剩余部分用于分配股东利润，公司已发行股票 100 万股。2010 年公司增资后，预计股票的市盈率将下降 25%，每股收益将下降为 7 元。该公司所得税税率为 30%。

(1)计算 2009 年的税前利润、税后利润。

(2)计算 2009 年可供股东分配利润。

(3)计算 2009 年的每股收益、市盈率和 2006 年市盈率。

(4)计算 2010 年增发股票的发行价格。

四、综合实验

▶实验材料

大华公司年终利润分配前的有关资料，如下表所示。

项　目	数　额
上年未分配利润(万元)	1,000
本年度税后利润(万元)	2,000
股本(万元)	500
资本公积(万元)	100
盈余公积(含公益金)(万元)	400
所有者权益合计(万元)	4,000
每股市价(元)	40

该公司决定：本年按规定比例 15%提取盈余公积(含公益金)，发放股票股利 10%(即股东每持 10 股可得 1 股)，并且按发放股票股利后的股数派发现金股利，每股 0.1 元。

▶实验要求

假设股票每股市价与每股账面价值成正比例关系，计算利润分配后的每股市价，计算结果填入下表。

	项 目	金 额
1	提取盈余公积(万元)	
	盈余公积余额(万元)	
2	股票股利(万元)	
	股本余额(万元)	
3	股本溢价(万元)	
	资本公积余额(万元)	
4	现金股利(万元)	
	未分配利润余额(万元)	
5	每股市价与每股账面价值之比	
	分配后每股账面价值(元)	
6	预计分配后每股市价(元)	

第二节 股利政策分析

实验目的

1. 熟悉股利理论和股利分配政策
2. 掌握股利分配政策的选择

一、基本知识

1. 股利政策的基本理论

股利政策是关于公司是否发放股利、发放多少股利以及何时发放股利等方面的方针和策略。股利政策的基本理论主要探讨股利政策对公司股价或公司价值有无影响的问题,包括股利无关论、股利相关论。

(1)**股利无关论**。股利无关论认为,企业的股利政策不会对公司的股票价格产生任何影响,投资者并不关心公司的股利分配。其代表性观点是MM理论。该理论又称股利无关论,是建立在完全市场理论之上的,所以又被称为完全市场理论。美国经济学家米勒和莫迪利亚尼运用数学推导方法证明,在完美的资本市场条件下,如果公司的投资决策和资本结构保持不变,那么公司价值取决于公司投资项目的营利能力和风险水平,而与股利政策不相关。

(2)**股利相关论**。股利相关论认为,企业的股利政策会影响公司股票的价格,公司的股利分配是受种种因素制约的。其代表性观点主要有一鸟在手理论、信号传递理论、税差理论等。

①一鸟在手理论。该理论认为,投资者对风险有天生的反感,更偏向于现金股利。因此投资者会认为通过留存收益再投资而获得的资本利得收益的不确定性要高于股利支付的不确定性。所以公司支付股利越多,股价越高,公司价值越高。

②信号传递理论。该理论认为,公司实行的股利政策包含了公司价值的信息,将公司的真实情况反映给了市场。较高的股利意味着公司有较高的当期收益,表现在股票市场上是公司股票价格的上升和股东以股票形式持有的财富的增加,相反,股利的削减被认为预示着不乐观的公司前景。

③税差理论。该理论认为,一般股利收益的所得税税率高于资本利得收益所适用的所得税税率,因此资本利得收益对股东更有利。所以,公司股利支付率越低,其公司价值越大。

2. 影响股利政策的因素

(1)**法律因素**。为了保护债权人和股东的利益,有关法规对公司的股利分配经常会作出一些硬性限制,如资本保全、企业积累、净利润和超额累积利润等方面的限制。

(2)**债务契约因素**。债务契约是指债权人为了防止企业过多发放股利,影响其偿债能力,增加债务风险,而以契约的形式限制企业现金股利的分配。这些限制有:规定每股股利的最高限额;规定未来股息只能用签订债务协议以后的新增收益支付;规定企业流动比率和利息保障倍数低于一定标准时不得分配现金股利等。

(3)**公司自身因素**。公司自身因素主要是指股份公司内部的各种因素及其面临的各种环境、机会而对其股利政策产生的影响,主要包括现金流量、举债能力、投资机会、资金成本等。

(4)**股东因素**。股利政策必须经股东大会决议通过才能实施,股东对公司股利政策具有重要的影响。一般来说,影响股利政策的股东因素主要有:追求稳定的收入,规避风险;控制权的稀释;规避所得税等。

3. 股利政策的类型

(1)**剩余股利政策**。在企业确定的最佳资本结构下税后净利润首先要满足投资的需求,然后若有剩余才用于分配股利。这是一种投资优先的股利政策。其优点是可以保持理想的资本结构,使公司的加权平均资本成本最低,从而公司价值最大,但不利于投资者合理安排收入和支出。

(2)**固定股利或稳定增长股利政策**。这是一种稳定的股利政策,它要求企业在较长时期内支付固定的股利额,只有当企业对未来利润增长确有把握,而且这种增长被认为是不会发生逆转时,才增加每股股利额。选择这一股利政策的理由在于:有利于树立公司的良好形象,增强投资者对公司的信心,稳定股票的价格;有利于投资者安排股利收入和支出;即使推迟某些投资方案或暂时偏离目标资本结构,也可能要比降低股利更有利。但该股利政策的缺点在于股利的支付与公司收益相脱节。

(3)**固定股利支付率股利政策**。这是一种变动的股利政策,企业每年都从净利润中按固定的股利支付率发放股利。固定股利支付率股利政策可以使股利支付与公司收益紧密联系在一起。但是,如果每年股利随收益频繁变动,传递给股票市场的是一个公司不稳定的信息。

(4)**低正常股利加额外股利政策**。这是一种介于稳定股利政策与变动股利政策之间的折中的股利政策。这种股利政策除每期都支付稳定的较低的正常股利外,当企业盈利较多时,再根据实际情况发放额外股利。采用低正常股利加额外股利政策的根本理由在于该股利政策使公司具有较大的灵活性,当公司盈余较少或投资需要较多资金时,可维持设定的较低但正常的股利,股东不会有股利跌落感;当盈余有较大幅度增加时,则可适度增发股利,增强股东对公司的信心,有利于稳定股票的价格。同时,还可使那些依靠股利度日的股东每年至少可以得到虽然较低但比较稳定的股利收入。

二、实验原理

1. 剩余股利政策

确定公司目标资本结构,使得在此结构下的综合资本成本最小。

确定为达到目标资本结构需要增加的留存收益的数额。

最大限度地使用净利润来满足投资方案所需的自有资金数额。

在满足上述需要后，将剩余利润分配给投资者。

2. 固定股利或稳定增长股利政策

确定固定的股利金额(或股利增长率)。
按固定金额(或增长后数额)发放股利。

3. 固定股利支付率股利政策

确定固定的股利支付比率。
按固定的股利支付比率和税后利润计算和发放股利。

4. 低正常股利加额外股利政策

每年支付固定数额的低股利。
高盈余年份增发股利。

三、单项训练

▶材料 1

利华公司 2010 年年终利润分配前的股东权益项目资料如下。

股本一普通股(每股面值 2 元)	1,000 万元
资本公积金	4,000 万元
未分配利润	2,000 万元
所有者权益合计	7,000 万元

注:公司股票的每股现行市价为 14 元。

(1)如若按 1 股换 4 股的比例进行股票分割，计算股东权益各项目数额、普通股股数。

(2)假设利润分配不改变市净率，公司按每 10 股送 1 股的方案发放股票股利，并按新股数发放现金股利，且希望普通股市价达到每股 12 元，每股现金股利应是多少?

(3)假设 2010 年净利润为 500 万元，期初未分配利润为 1,500 万元，按规定，本年应该提取 10%的公积金，计算最高可分配的每股股利额。

(4)假设 2010 年净利润为 500 万元，期初未分配利润为 1,500 万元，按规定，本年应该提取 10%的公积金，2011 年预计需要增加投资资本 600

万元，目标资本结构为权益资本占 60%，债务资本占 40%，公司采用剩余股利政策，计算每股股利。

▶材料 2

光华股份有限公司有关资料如下。

(1)公司 2010 年初未分配利润贷方余额为 181.92 万元，本年息税前利润为 800 万元，所得税税率为 33%。

(2)公司流通在外的普通股 60 万股，发行时每股面值 1 元，每股溢价收入 9 元；公司负债总额为 200 万元，均为长期负债，平均年利率为 10%，假定筹资费用忽略不计。

(3)公司股东大会决定 2010 年度按 10%的比例计提法定盈余公积，按可供投资者分配利润的 16%向普通股股东发放现金股利，预计现金股利以后每年增长 6%。

据投资者分析，该公司股票的 β 系数为 1.5，无风险收益率为 8%，市场上所有股票的平均收益率为 14%。

(1)计算光华公司 2010 年度净利润。

(2)计算光华公司 2010 年应计提的法定盈余公积。

(3)计算光华公司 2010 年末可供投资者分配的利润。

(4)计算光华公司每股支付的现金股利。

(5)利用股票估价模型计算光华公司股票价格为多少时投资者才愿意购买。

▶材料 3

大有公司目前发行在外的每股面值为 1 元的产品 1,000 万股，本年的税后利润为 3,000 万元。公司拟投资 6,000 万元，扩大生产能力 20%，预计该公司销路非常稳定。目前债务与权益比 1∶2，若未来继续保持当前资本结构，并继续执行 30%的固定股利支付率政策。

(1)公司本年末应分配的股利为多少？

(2)公司在明年为扩充生产能力必须外部筹资，筹措权益资本多少？

(3)筹措权益资金，若按 10 倍的市盈率增加发行股票，应增发多少股？

▶材料 4

实德公司制订未来 5 年投资计划，相关资料如下：

年　份	计划年度投资规模	年度总净利润
1	350,000	250,000
2	475,000	450,000
3	200,000	600,000
4	980,000	650,000
5	600,000	390,000

公司的理想资本结构为负债与权益比率为 2∶3,公司流通在外的普通股有 125,000 股。若公司采用每年每股 0.5 元加上年终额外股利,额外股利为净收益超过 250,000 元部分的 50%,则每年应发放股利多少?

四、综合实验

▶实验材料

立华公司目前发行在外的普通股共 100 万股,净资产 200 万元,其中股本 100 万元,资本公积 50 万元,留存收益 50 万元。今年每股支付 1 元股利,预计未来 5 年的税后利润和需要追加的资本性支出,如下表所示:

年　份	1	2	3	4	5
税后利润(万元)	100	300	180	220	230
资本支出(万元)	300	200	300	200	150

假设公司目前没有负债并希望逐步增加负债的比重,但是资产负债率不能超过 30%。筹资时首先采用内部筹资,其次是长期借款,必要时增发普通股。假设给出的税后利润可以涵盖增加借款的利息,并不考虑所得税的影响。如果要增发普通股,股份每股面值为 1 元,预计发行价格每股为 2 元,假设增发的股份当年不需要支付股利,下一年开始发放股利。

▶实验要求

1. 若公司采取剩余股利政策,计算各年需要增加多少借款和股权资金。

2. 若公司维持目前的股利水平,计算各年需要增加多少借款和股权资金。

3. 若公司未来 5 年保持 50%的股利支付率,计算各年需要增加多少借款和股权资金。

4. 将各股利政策下的计算数据填入下表，并分析各股利政策的分配特点。

	年 份	0	1	2	3	4	5
1	税后利润(万元)						
2	需要资本支出(万元)						
3	股利(万元)						
4	资产(万元)						
5	负债(万元)						
6	所有者权益(万元)						
	股本(万元)						
	普通股股数(万股)						
	资本公积(万元)						
	留存收益(万元)						
7	内部筹资:留存收益补充资金(万元)						
8	外部筹资:总额(万元)						
	长期借款(万元)						
	增发股权资金(万元)						
	增发股数(万股)						

第五章

财务分析

第一节 企业财务状况的比率分析

实验目的

1. 熟悉企业偿债能力比率指标分析,掌握主要偿债能力比率指标分析
2. 熟悉企业营运能力比率指标分析,掌握主要营运能力比率指标分析
3. 熟悉企业获利能力比率指标分析,掌握主要获利能力比率指标分析

一、基本知识

1. 偿债能力分析

偿债能力是指企业偿还各种到期债务的能力。偿债能力分析主要分为短期偿债能力分析和长期偿债能力分析。

(1)**短期偿债能力分析**。短期偿债能力是指企业偿付流动负债的能力。通常,评价企业短期偿债能力的财务比率主要有流动比率、速动比率、现金比率、现金流量比率和到期债务本息偿付比率等。

①流动比率。流动资产与流动负债的比率称为流动比率。流动比率越高,说明企业偿还流动负债的能力越强,流动负债得到偿还的保障越大。但是,过高的流动比率也并非好现象,它可能是企业滞留在流动资产上的资金过多,未能有效地加以利用,可能会影响企业的获利能力。

②速动比率。速动资产为流动资产扣除存货后的资产,速动资产与流动负债的比率称为速动比率。通过速动比率来判断企业短期偿债能力比用流动比率进了一步,因为它撇开了变现力较差的存货。速动比率越高,说明企业的短期偿债能力越强。

③现金比率。现金比率是企业的现金类资产与流动负债的比率。现金比率可以反映企业的直接支付能力。如果企业现金缺乏,就可能会产生支付困难问题,将面临财务危机,因而现金比率高,说明企业有较好的支付能力,对偿付债务是有保障的。但是,如果这个比率过高,可能意味着企业拥有过多的获利能力较低的现金类资产,企业的资产未能得到有效的运用。

④现金流量比率。现金流量比率是企业经营活动现金净流量与流动负债的比率。这一比率反映本期经营活动所产生的现金净流量足以抵付流动负债的倍数。需要说明的是,经营活动所产生的现金流量是过去一个

会计年度的经营结果，而流动负债则是未来一个会计年度需要偿还的债务，二者的会计期间不同。

⑤到期债务本息偿付比率。到期债务本息偿付比率是经营活动产生的现金流量净额与本期到期债务本息的比率，它主要是衡量本年度内到期的债务本金及相关的利息支出可由经营活动所产生的现金来偿付的程度，如果该指标小于1，表明企业经营活动产生的现金不足以偿付本期到期的债务本息。

(2)**长期偿债能力分析**。长期偿债能力是指企业偿还长期负债的能力。反映企业长期偿债能力的财务比率主要有资产负债率、股东权益比率、权益乘数、负债股权比率、有形净值债务率、偿债保障比率、利息保障倍数和现金利息保障倍数等。

①资产负债率。资产负债率是企业负债总额与资产总额的比率，它反映企业的资产总额中有多少是通过举债而得到的。这个比率越高，企业偿还债务的能力越差；反之，偿还债务的能力越强。对于资产负债率，企业的债权人、股东和企业经营者往往从不同的角度来评价。

②股东权益比率与权益乘数。股东权益比率是股东权益与资产总额的比率，它反映企业资产中有多少是所有者投入的。股东权益比率与负债比率之和等于1。因此，股东权益比率越大，负债比率就越小，企业的财务风险也越小，偿还长期债务的能力就越强。股东权益比率的倒数，称作权益乘数，即资产总额是股东权益的多少倍。该乘数越大，说明股东投入的资本在资产中所占比重越小。

③负债股权比率与有形净值债务率。负债股权比率也称产权比率，是负债总额与股东权益总额的比率。它反映了债权人所提供资金与股东所提供资金的对比关系，因此可以揭示企业的财务风险以及股东权益对债务的保障程度。该比率越低，说明企业长期财务状况越好，债权人贷款的安全越有保障，企业财务风险越小。有形净值债务率实际上是负债股权比率的延伸，将无形资产从股东权益中扣除，形成有形净值。该比率更为保守地反映了在企业清算时债权人投入的资本受到股东权益的保障程度。

④偿债保障比率。偿债保障比率是负债总额与经营活动现金净流量的比率，它反映用企业经营活动产生的现金净流量偿还全部债务所需的时间，所以该比率亦被称为债务偿还期。一般认为，该比率越低，企业偿还债务的能力越强。

⑤利息保障倍数与现金利息保障倍数。利息保障倍数也称利息所得

倍数，是税前利润加利息费用之和与利息费用的比率，它反映企业的经营所得支付债务利息的能力。如果这个比率太低，说明企业难以保证用经营所得来按时按量支付债务利息。一般来说，企业的利息保障倍数至少要大于1，否则，就难以偿付债务及利息，若长此以往，甚至会导致企业破产倒闭。现金利息保障倍数是指企业一定时期经营活动所取得的现金是支付利息支出的倍数，它更明确地反映了企业实际偿付利息支出的能力。

(3)**影响企业偿债能力的其他因素**。在分析企业偿债能力时，除了上述指标以外，还应考虑其他因素对企业偿债能力的影响，包括或有负债、担保责任、租赁活动以及可动用的银行贷款指标等。

2. 营运能力分析

企业的营运能力反映了企业资金周转状况，从中可以了解企业的营运状况及经营管理水平。评价企业营运能力常用的财务比率有：存货周转率、应收账款周转率、流动资产周转率、固定资产周转率和总资产周转率等。

(1)**存货周转率**。存货周转率是企业一定时期的销售成本与平均存货的比率，它说明了一定时期内企业存货周转的次数，从而反映企业的销售效率和存货使用效率。存货周转天数表示存货周转一次所需要的时间，天数越短说明存货周转得越快。

(2)**应收账款周转率**。应收账款周转率是企业一定时期赊销收入净额与应收账款平均余额的比率，它反映了企业应收账款的周转速度，从而反映应收账款的流动性、应收账款的变现速度和管理效率。应收账款平均收账期表示应收账款周转一次所需天数。平均收账期越短，说明企业的应收账款周转速度越快。应收账款平均收账期与应收账款周转率成反比关系。

(3)**流动资产周转率**。流动资产周转率是销售收入与流动资产平均余额的比率，它反映的是全部流动资产的利用效率。该指标越高，说明企业流动资产的利用效率越好。

(4)**固定资产周转率**。固定资产周转率是企业销售收入与固定资产平均净值的比率。这项比率主要用于分析对厂房、设备等固定资产的利用效率，该比率越高，说明固定资产的利用率越高，管理水平越好。

(5)**总资产周转率**。总资产周转率是企业销售收入与资产平均总额的比率，它用来分析企业全部资产的使用效率。如果这个比率较低，说明企业利用其资产进行经营的效率较差，会影响企业的获利能力，企业应该采取措施提高销售收入或处置资产，以提高总资产利用率。

3. 获利能力分析

获利能力是指企业赚取利润的能力。评价企业获利能力的财务比率主要有：资产报酬率、股东权益报酬率、销售毛利率、销售净利率、成本费用净利率等，对于股份有限公司，还应分析每股利润、每股现金流量、每股股利、股利发放率、每股净资产及市盈率等。

(1)**资产报酬率**。资产报酬率是企业在一定时期内的净利润与资产平均总额的比率，它用来衡量企业利用资产获取利润的能力，反映了企业总资产的利用效率。该比率越高，说明企业的获利能力越强。

(2)**股东权益报酬率**。股东权益报酬率是一定时期企业的净利润与股东权益平均总额的比率，它反映了企业股东获取投资报酬的高低。该比率越高，说明企业的获利能力越强。股东权益报酬率取决于企业的资产报酬率和权益乘数两个因素。

(3)**销售毛利率与销售净利率**。销售毛利率是企业的销售毛利与销售收入净额的比率，它反映了企业的销售成本与销售收入净额的比例关系。毛利率越大，说明在售收入净额中销售成本所占比重越小，企业通过销售获取利润的能力越强。销售净利率是企业净利润与销售收入净额的比率，它反映了企业净利润占销售收入的比例。

(4)**成本费用净利率**。成本费用净利率是企业净利润与成本费用总额的比率。它反映企业生产经营过程中发生的耗费与获得的收益之间的关系。该比率越高，说明企业为获取收益而付出的代价越小，企业的获利能力越强。因此，该比率不仅可以评价企业获利能力的高低，也可评价企业对成本费用的控制能力和经营管理水平。

(5)**每股利润与每股现金流量**。每股利润是税后净利扣除优先股股利后的余额，除以发行在外的普通股平均股数。它可以反映股份公司的获利能力的大小。每股利润越高，说明股份公司的获利能力越强。每股现金流量是经营活动现金净流量扣除优先股股利后的余额，除以发行在外的普通股平均股数。

(6)**每股股利与股利发放率**。每股股利是普通股分配的现金股利总额除以发行在外的普通股股数，它反映了普通股获得的现金股利的多少。每股股利的高低，不仅取决于公司获利能力的强弱，还取决于公司的股利政策和现金是否充裕。股利发放率是普通股每股股利与每股利润的比率，它表明股份公司的净收益中有多少用于股利的分派。股利发放率主要取决于公司的股利政策，没有一个具体的标准来判断股利发放率是大好还是小好。

(7)**每股净资产**。每股净资产是股东权益总额除以发行在外的股票股数。

(8)**市盈率**。市盈率是指普通股每股市价与每股利润的比率。一般来说，市盈率高，说明投资者对该公司的发展前景看好，愿意出较高的价格购买该公司股票。但是，也应注意，如果某一种股票的市盈率过高，则也意味着这种股票具有较高的投资风险。

(9)**市净率**。市净率是指普通股每股市价与每股净资产的比率。一般来说，资产质量好、营利能力强的公司，其市净率会比较高；而风险较大、发展前景较差的公司，其市净率会比较低。在有效的资本市场中，如果公司股票的市净率小于1，则说明投资者对公司未来发展前景持悲观态度。

二、实验原理

1. 偿债能力分析

(1)**短期债务清偿能力比率**。

流动比率＝流动资产/流动负债

速动比率＝(流动资产－存货) / 流动负债

现金比率＝(现金＋现金等价物) / 流动负债

现金流量比率＝经营活动现金流量 / 流动负债

到期债务本息偿付比率＝经营活动产生的现金流量净额/(本期到期债务本金＋现金利息支出)

(2)**长期债务清偿能力比率**。

资产负债率＝负债总额/资产总额

股东权益比率＝股东权益总额/资产总额

权益乘数＝资产总额/股东权益总额

负债股权比例＝负债总额/股东权益总额

有形净值债务率＝负债总额 /(股东权益总额－无形资产净额)

利息保障倍数＝(税前利润＋利息费用)/利息费用

现金利息保障倍数＝(经营活动产生的现金流量净额＋现金利息支出＋付现所得税)/现金利息支出

偿债保障比率＝负债总额/经营活动产生的现金流量净额

2. 营运能力分析

存货周转率＝销售成本/存货平均余额
应收账款周转率＝赊销收入/应收账款平均余额
流动资产周转率＝销售收入/流动资产平均余额
固定资产周转率＝销售收入/固定资产平均余额
总资产周转率＝销售收入 / 平均资产总额

3. 盈利能力分析

资产报酬率＝净利润/资产平均总额
股东权益报酬率＝净资产报酬率＝净利润/平均净资产
销售毛利率＝销售毛利/销售收入净额
销售净利率＝净利润/销售收入净额
成本费用净利率＝净利率/成本费用总额
每股利润 *EPS*＝(净利润－优先股股利)/流通在外普通股股数
每股股利＝(现金股利总额－优先股股利)/流通在外普通股股数
股利支付率＝每股股利/普通股每股利润
每股净资产＝股东权益总额/流通在外普通股股数
每股现金流量＝(经营活动现金净流量－优先股股利)/流通在外普通股数
市盈率＝每股市价/每股利润
市净率＝每股市价/每股净资产

三、单项训练

万华股份有限公司成立于 1998 年 12 月 20 日，是由 4 家单位共同发起设立的、规范化运作的上市公司。公司股票于 2001 年在上海证券交易所上市，目前公司总股本达到 65,280 万股，注册资金为 6.528 亿元。

已知公司的资产负债表、主营业务表及利润表如下。

万华公司 2010—2011 年资产负债表

单位:元　币种:人民币

项　目	2011 年	2010 年	项　目	2011 年	2010 年
流动资产:			流动负债:		
货币资金	376,490,210.15	255,106,314.29	短期借款	171,382,500.00	8,501,558.50
短期投资	58,173,562.02	53,382,873.29	应付票据		
应收票据	233,817,438.39	40,001,259.00	应付账款	173,252,218.70	144,287,181.92
应收股利			预收账款	56,838,502.81	48,087,475.08
应收利息			应付工资	51,553,095.48	17,858,934.82
应收账款	7,251,302.96	21,489,816.41	应付福利费	11,414,330.04	7,894,614.99
其他应收款	7,376,177.74	5,322,792.80	应付股利		
预付账款	62,409,442.01	18,890,324.03	应缴税金	26,396,481.16	19,586,258.38
应收补贴款			其他应交款	51,592.05	304,244.30
存货	276,734,083.68	134,963,979.70	其他应付款	28,237,624.54	7,799,440.40
待摊费用			预提费用	813,684.12	6,178,839.97
一年内到期的长期债权投资			一年内到期的长期负债		33,000,000.00
其他流动资产			其他流动负债		
流动资产合计	1,022,252,216.95	529,157,359.52	流动负债合计	519,940,028.90	293,498,548.36

续 表

项 目	2011 年	2010 年	项 目	2011 年	2010 年
长期投资：			长期负债：		
长期股权投资	20,000,000.00	20,000,000.00	长期借款	1,060,382,500.00	84,000,000.00
长期债权投资			应付债券		
长期投资合计	20,000,000.00	20,000,000.00	长期应付款		
固定资产：			专项应付款	167,292,178.40	23,473,351.20
固定资产原价	676,609,451.05	698,730,145.97	其他长期负债		
减：累计折旧	134,327,238.50	144,872,147.18	长期负债合计	1,227,674,678.40	107,473,351.20
固定资产净值	542,282,212.55	553,857,998.79	负债合计	1,747,614,707.30	400,971,899.56
减：固定资产减值准备			少数股东权益	73,828,709.08	73,742,160.65
固定资产净额	542,282,212.55	553,857,998.79	股东权益：		
工程物资	79,060,026.88		股本	652,800,000.00	384,000,000.00
在建工程	1,448,062,021.61	335,369,597.91	减：已归还投资		
固定资产清理			股本净额	652,800,000.00	384,000,000.00
固定资产合计	2,069,404,261.04	889,227,596.70	资本公积	30,643,663.76	222,563,804.32
无形资产及其他资产：			盈余公积	241,084,797.59	139,540,139.34
无形资产			其中：法定公益金	96,959,520.57	56,341,657.27

续 表

项　目	2011 年	2010 年	项　目	2011 年	2010 年
长期待摊费用	727,557.32	485,419.63	未分配利润	366,412,157.58	218,052,371.98
其他长期资产			外币报表折算差额		
无形资产及其他资产合计	727,557.32	485,419.63	减:未确认投资损失		
递延税项:			其中:现金股利	130,560,000.00	76,800,000.00
递延税款借项			股东权益合计	1,290,940,618.93	964,156,315.64
资产总计	3,112,384,035.31	1,438,870,375.85	负债和股东权益合计	3,112,384,035.31	1,438,870,375.85

万华公司 2010—2011 年主营业务表

单位:元　币种:人民币

项　目	2011 年	2010 年
一、主营业务收入	2,104,228,713.80	1,343,705,425.49
减:主营业务成本	1,252,818,732.14	861,457,343.46
主营业务税金及附加	13,071,649.36	10,033,587.91
二、主营业务利润	838,338,332.30	472,214,494.12

万华公司 2010—2011 年利润表

单位:元　币种:人民币

项　目	2011 年	2010 年
一、主营业务收入	2,104,228,713.80	1,343,705,425.49
减:主营业务成本	1,252,818,732.14	861,457,343.46
主营业务税金及附加	13,071,649.36	10,033,587.91
二、主营业务利润	838,338,332.30	472,214,494.12
加:其他业务利润	1,786,703.96	—524,334.60
减:营业费用	62,230,028.91	45,496,868.15
管理费用	215,272,387.62	124,971,388.59
财务费用	8,270,832.69	—638,574.51
三、营业利润	554,351,787.04	301,860,477.29
加:投资收益	2,890,900.94	946,914.20
补贴收入		
营业外收入	937,941.40	272,840.89
减:营业外支出	44,444,383.35	982,734.11
四、利润总额	513,736,246.03	302,097,498.27
减:所得税	110,145,253.75	69,827,184.35
减:少数股东损益	86,548.43	—7,839.35
加:未确认投资损失		
五、净利润	403,504,443.85	232,278,153.27

附 表

单位:元 币种:人民币

项 目	2011 年	2010 年
净利润	403,504,443.85	232,278,153.27
加:年初未分配利润	218,052,371.98	120,643,757.03
二、可供分配利润	621,556,815.83	352,921,910.30
减:提取法定盈余公积金	40,617,863.30	23,227,815.33
减:提取法定公益金	40,617,863.30	23,227,815.33
三、可供股东分配利润	540,321,089.23	306,466,279.64
减:提取任意盈余公积	20,308,931.65	11,613,907.66
应付普通股股利	76,800,000.00	76,800,000.00
转作股本的普通股股利	76,800,000.00	
四、未分配利润	366,412,157.58	218,052,371.98
股利支付金额	130,560,000.00	76,800,000.00
股票总数	652,800,000	384,000,000

要求:

1. 运用 Excel 建立主要营利能力比率分析模型——资产报酬率、股东权益报酬率、销售毛利率、销售净利率、每股利润、每股股利、股利支付率、每股净资产、成本费用率、每股现金流量、市盈率和市净率,并进行案例分析。

2. 运用 Excel 建立主要营运能力比率分析模型——存货周转率、应收账款周转率、流动资产周转率、固定资产周转率和总资产周转率,并进行案例分析。

3. 运用 Excel 建立主要偿债能力比率分析模型——流动比率、速动比率、现金流量比率、资产负债率、股东权益比率、有形净值债务率和利息保障倍数,并进行案例分析。

四、综合实验

浙江海正药业股份有限公司始创于 1956 年,位于浙江省台州市。目前海正已成为中国领先的原料药生产企业。海正共有约 5,000 名员工,其中超过三分之一是科技人员。2000 年,海正在上海证券交易所上市。作为中国最大的抗生素、抗肿瘤药物生产基地之一，海正致力于利用自己的研发资源，为全球客户提供更好的服务。截至 2010 年 12 月 31 日，流通股股份总数 483,780,000 股。其在 2009—2012 年浙江海正药业股份有限公司母公司的资产负债表、利润表和现金流量表如下：

浙江海正药业股份有限公司资产负债表

单位:元　币种:人民币

项　目	2012 年	2011 年	2010 年	2009 年
流动资产：				
货币资金	251,889,507.42	251,180,328.34	197,968,926.80	262,843,208.57
交易性金融资产			71,400.00	
应收票据	16,112,540.11	4,327,550.00	14,642,470.26	10,155,397.15
应收账款	224,688,680.41	231,018,252.95	213,998,571.52	271,252,282.65
预付款项	40,388,921.81	47,050,836.66	31,508,311.68	62,422,515.79
应收利息				
应收股利				
其他应收款	735,888.13	1,214,500.00	1,590,750.00	2,045,250.00
存货	761,524,721.52	591,597,883.48	488,130,617.09	392,428,766.96
一年内到期的非流动资产				
其他流动资产	29,441,672.52			
流动资产合计	1,324,781,931.92	1,126,389,351.43	947,839,647.35	1,001,218,821.12
非流动资产：				
可供出售金融资产	29,642,993.94	118,174,935.82		
持有至到期投资				
长期应收款	557,859,217.72	555,397,765.68		
长期股权投资	2,373,440,701.94	2,233,910,468.08	3 850,279,985.57	644,714,475.20
投资性房地产	10,795,293.31	11,216,520.62	11,637,777.84	14,202,709.13
固定资产：	1,637,080,743.18	1,633,350,024.62	1,518,714,176.49	1,473,010,378.54
在建工程	477,531,645.14	226,123,366.87	230,536,623.83	280,933,530.77
工程物资				

续 表

项 目	2012年	2011年	2010年	2009年
固定资产清理				
生产性生物资产				
油气资产				
无形资产：	367,030,198.70	317,074,057.24	256,052,115.79	257,524,387.54
开发支出				
商誉				
长期待摊费用				
递延所得税资产	19,024,600.84	18,054,993.29	12,316,799.54	8,754,640.44
其他非流动资产				
非流动资产合计	5,472,405,394.77	5,113,302,132.22	2,879,537,479.06	2,679,140,121.62
资产总计	6,797,187,326.69	6,239,691,483.65	3,827,377,126.41	3,680,358,942.74
流动负债：				
短期借款	345,000,000.00	197,805,400.00	229,219,263.25	510,000,000.00
交易性金融负债				
应付票据	187,845,037.00	47,875,500.00	122,305,596.01	59,847,300.00
应付账款	242,071,502.93	188,157,714.48	185,223,294.58	182,065,881.88
预收款项	15,484,399.84	7,318,612.56	1,576,970.72	7,398,737.90
应付职工薪酬	70,783,379.83	48,349,768.78	53,863,287.90	58,978,247.02
应交税费	21,263,837.96	41,410,568.45	39,410,153.02	39,917,706.14
应付利息	23,791,620.25	23,924,923.92	1,498,699.63	1,055,638.75
应付股利				
其他应付款	52,650,208.24	37,992,129.85	42,490,772.88	20,979,639.35
一年内到期的非流动负债	235,000,000.00	150,000,000.00	180,000,000.00	10,000,000.00
其他流动负债				
流动负债合计	1,193,889,986.05	742,834,618.04	855,588,037.99	890,243,151.04
非流动负债：				
长期借款	345,000,000.00	300,000,000.00	330,000,000.00	430,000,000.00

续 表

项 目	2012 年	2011 年	2010 年	2009 年
应付债券	794,518,116.09	793,224,975.42		
长期应付款				
专项应付款				
预计负债				
递延所得税负债	1,150,504.92	7,683,386.37	10,710.00	
其他非流动负债	62,110,357.52	70,362,095.76	37,479,933.21	14,285,292.10
非流动负债合计	1,202,778,978.53	1,171,270,457.55	367,479,933.21	444,296,002.10
负债合计	2,396,668,964.58	1,914,105,075.59	1,223,067,971.20	1,334,539,153.14
所有者权益:				
实收资本	839,709,058.00	524,818,161.00	483,780,000.00	483,780,000.00
资本公积	1,866,637,152.20	2,218,547,710.74	881,901,223.97	881,901,223.97
减:库存股				
专项储备				
盈余公积	304,106,941.95	285,039,507.98	242,807,975.06	211,153,678.50
一般风险准备				
未分配利润	1,390,065,209.96	1,297,181,028.34	995,819,956.18	768,984,887.13
所有者权益合计	4,400,518,362.11	4,325,586,408.06	2,604,309,155.21	2,345,819,789.60
负债和所有者权益总计	6,797,187,326.69	6,239,691,483.65	3,827,377,126.41	3,680,358,942.74

法定代表人:白骅　主管会计工作负责人:魏玲丽　会计机构负责人:胡良彬

浙江海正药业股份有限公司利润表

编制单位:浙江海正药业股份有限公司　　单位:元　币种:人民币

项 目	2012 年	2011 年	2010 年	2009 年
一、营业收入	2,289,070,099.17	2,200,690,033.10	1,969,224,541.86	1,805,893,379.43
减:营业成本	1,509,628,447.60	1,306,278,427.66	1,126,332,153.73	1,037,441,885.99
营业税金及附加	12,462,548.40	17,064,799.86	17,265,784.45	20,503,944.79
销售费用	72,216,370.59	26,932,860.71	36,221,653.24	16,097,906.36

续 表

项　目	2012年	2011年	2010年	2009年
管理费用	493,028,328.71	381,530,579.68	437,761,529.86	368,330,355.96
财务费用	39,760,028.01	37,272,899.70	40,507,567.50	65,152,213.42
资产减值损失	39,189,357.91	31,626,008.13	25,463,643.98	15,090,923.97
加:公允价值变动收益			−71,400.00	71,400.00
投资收益	54,045,682.47	32,410,760.19	41,980,821.73	13,102,334.24
其中:对联营企业和合营企业的投资收益	14,726,102.36	18,895,760.19	5,048,733.37	−412,665.76
二、营业利润	176,830,700.42	432,395,217.55	327,581,630.83	296,449,883.18
加:营业外收入	49,239,969.28	57,912,064.44	38,809,176.05	21,361,506.77
减:营业外支出	4,620,948.57	5,001,146.68	8,023,226.79	14,327,092.73
其中:非流动资产处置损失	825,057.81		2,933,595.73	1,814,637.19
三、利润总额	221,449,721.13	485,306,135.31	358,367,580.09	303,484,297.22
减:所得税费用	30,775,381.39	62,990,806.08	41,824,614.48	43,596,724.00
四、净利润	190,674,339.74	422,315,329.23	316,542,965.61	259,887,573.22
五、每股收益				
(一)基本每股收益				
(二)稀释每股收益				
六、其他综合收益	−37,019,661.54	43,539,189.45		
七、综合收益总额	153,654,678.20	465,854,518.68	316,542,965.61	259,887,573.22

法定代表人:白骅　主管会计工作负责人:魏玲丽　会计机构负责人:胡良彬

浙江海正药业股份有限公司现金流量表

编制单位:浙江海正药业股份有限公司　　　　单位:元　币种:人民币

项　目	2012年	2011年	2010年	2009年
一、经营活动产生的现金流量				
销售商品、提供劳务收到的现金	1,988,428,325.24	2,230,393,245.38	2,197,350,811.66	1,909,930,969.89
收到的税费返还	9,783,042.56	284,847.00	361,391.00	
收到其他与经营活动有关的现金	65,854,402.90	79,366,045.09	40,656,046.49	20,974,729.93
经营活动现金流入小计	2,064,065,770.70	2,310,044,137.47	2,238,368,249.15	1,930,905,699.82
购买商品、接受劳务支付的现金	874,133,297.10	1,181,577,655.17	1,096,865,287.72	892,882,644.43
支付给职工以及为职工支付的现金	309,363,330.02	262,190,006.23	255,107,375.31	211,977,014.71
支付的各项税费	142,560,067.78	164,661,607.55	155,643,834.26	138,142,875.42
支付其他与经营活动有关的现金	316,786,152.97	220,707,122.57	189,244,339.43	196,998,683.19
经营活动现金流出小计	1,642,842,847.87	1,829,136,391.52	1,696,860,836.72	1,440,001,217.75
经营活动产生的现金流量净额	421,222,922.83	480,907,745.95	541,507,412.43	490,904,482.07
二、投资活动产生的现金流量				
收回投资收到的现金	66,278,979.00		19,620,294.45	

续 表

项 目	2012年	2011年	2010年	2009年
取得投资收益收到的现金	33,539,181.00	29,090,576.00	13,515,000.00	13,515,000.00
处置固定资产、无形资产和其他长期资产收回的现金净额	13,179,060.19	592,343.49	8,338,421.96	436,154.60
处置子公司及其他营业单位收到的现金净额				
收到其他与投资活动有关的现金	78,960,585.00		34,664,392.00	20,478,300.00
投资活动现金流入小计	112,997,220.19	108,643,504.49	76,138,108.41	34,429,454.60
购建固定资产、无形资产和其他长期资产支付的现金	559,862,083.57	451,824,548.27	234,132,275.99	386,162,548.98
投资支付的现金	140,323,312.50	1,447,262,658.32	131,365,560.00	372,889,600.00
取得子公司及其他营业单位支付的现金净额				
支付其他与投资活动有关的现金	544,000,000.00			
投资活动现金流出小计	700,185,396.07	2,443,087,206.59	365,497,835.99	759,052,148.98
投资活动产生的现金流量净额	−587,188,175.88	−2,334,443,702.10	−289,359,727.58	−724,622,694.38

续 表

项 目	2012年	2011年	2010年	2009年
三、筹资活动产生的现金流量				
吸收投资收到的现金	1,365,749,998.08		654,335,000.00	
取得借款收到的现金	1,120,200,400.00	708,148,100.00	649,219,263.25	1,165,000,000.00
发行债券收到的现金	800,000,000.00			
收到其他与筹资活动有关的现金				
筹资活动现金流入小计	1,120,200,400.00	2,873,898,098.08	649,219,263.25	1,819,335,000.00
偿还债务支付的现金	843,005,800.00	799,561,963.25	860,000,000.00	1,416,500,000.00
分配股利、利润或偿付利息支付的现金	141,319,285.97	117,645,609.42	103,507,576.06	121,184,783.43
支付其他与筹资活动有关的现金	38,820,539.76		4,335,000.00	
筹资活动现金流出小计	984,325,085.97	956,028,112.43	963,507,576.06	1,542,019,783.43
筹资活动产生的现金流量净额	135,875,314.03	1,917,869,985.65	−314,288,312.81	277,315,216.57
四、汇率变动对现金及现金等价物的影响	1,443,377.20	308,455.64	−4,564,137.41	−421,988.37
五、现金及现金等价物净增加额	−28,646,561.82	64,642,485.14	−66,704,765.37	43,175,015.89

续 表

项 目	2012年	2011年	2010年	2009年
加:期初现金及现金等价物余额	251,180,328.34	186,537,843.20	253,242,608.57	210,067,592.68
六、期末现金及现金等价物余额	222,533,766.52	251,180,328.34	186,537,843.20	253,242,608.57

法定代表人:白骅　主管会计工作负责人:魏玲丽　会计机构负责人:胡良彬

要求:

1. 运用Excel建立主要营利能力比率分析模型——资产报酬率、股东权益报酬率、销售毛利率、销售净利率、每股利润、每股股利、股利支付率、每股净资产、成本费用率、每股现金流量、市盈率和市净率,并进行案例分析。

2. 运用Excel建立主要营运能力比率分析模型——存货周转率、应收账款周转率、流动资产周转率、固定资产周转率和总资产周转率,并进行案例分析。

3. 运用Excel建立主要偿债能力比率分析模型——流动比率、速动比率、现金流量比率、资产负债率、股东权益比率、有形净值债务率和利息保障倍数,并进行案例分析。

第二节　企业财务状况的趋势分析

实验目的

1. 熟悉财务状况趋势分析方法
2. 掌握定基趋势百分比法和环比趋势百分比法

一、基本知识

企业财务状况的趋势分析主要是通过比较企业连续几个会计期间的财务报表或财务比率,来了解企业财务状况变化的趋势,并以此来预测企业未来财务状况,判断企业的发展前景。一般来说,进行企业财务状况的趋势分析,主要应用比较财务报表、比较百分比财务报表、比较财务比率及图解法等方法。

1. **比较财务报表**

比较财务报表是比较企业连续几期财务报表的数据，分析其增减变化的幅度及其变化原因，来判断企业财务状况的发展趋势。这种方法选择的期数越多，分析结果的准确性越高。但是，在进行比较分析时，必须考虑到各期数据的可比性。因某些特殊原因，某一时期的某项财务数据可能变化较大，缺乏可比性，因此，在分析过程中应该排除非可比因素，使各期财务数据具有可比性。

2. **比较百分比财务报表**

比较百分比财务报表是在比较财务报表的基础上发展而来的。百分比财务报表是将财务报表中的数据用百分比来表示。比较财务报表是比较各期报表中的数据，而比较百分比财务报表则是比较各项目百分比的变化，以此来判断企业财务状况的发展趋势。

3. **比较财务比率**

比较财务比率就是将企业连续几个会计期间的财务比率进行对比，从而分析企业财务状况的发展趋势。这种方法实际上是比率分析法与比较分析法的结合。与前面两种方法相比，这种方法更加直观地反映了企业各方面财务状况的变动趋势。

4. **图解法**

图解法是将企业连续几个会计期间的财务数据或财务比率绘制成图，并根据图形走势来判断企业财务状况的变动趋势。这种方法比较简单、直观地反映出企业财务状况的发展趋势，使分析者能够发现一些通过比较法所不易发现的问题。

三、实验原理

1. **定基趋势百分比分析**

定基趋势百分比＝（分析期某项指标数值/基期某指标数值）×100％

2. 环比趋势百分比分析

环比趋势百分比=(分析期某项指标数值/前期某指标数值)×100%

四、单项训练

万华股份有限公司成立于1998年,是由4家单位共同发起设立的、规范化运作的上市公司。截至目前,公司总股本达到65,280万股,注册资金为6.528亿元。已知万华公司2007—2011年资产负债表和利润表如下:

万华公司2007—2011年资产负债表

单位:元 币种:人民币

项 目	2007年	2008年	2009年	2010年	2011年
流动资产	522,935,215.83	292,567,203.74	348,701,486.78	529,157,359.52	1,022,252,216.95
长期投资	10,000,000.00	20,000,000.00	20,000,000.00	20,000,000.00	20,000,000.00
固定资产	224,672,437.96	414,138,790.77	559,431,649.25	889,227,596.70	2,069,404,261.04
无形资产				485,419.63	727,557.32
总资产	757,607,653.79	726,705,994.51	928,133,136.03	1,438,870,375.85	3,112,384,035.31
流动负债	146,537,787.20	72,907,734.74	136,635,665.53	293,498,548.36	519,940,028.90
长期负债	10,000,000.00		59,638,650.00	107,473,351.20	1,227,674,678.40
总负债	156,537,787.20	72,907,734.74	196,274,315.53	400,971,899.56	1,747,614,707.30
所有者权益	601,069,866.59	653,798,259.77	731,858,820.50	964,156,315.64	1,290,940,618.93
负债和所有者权益	757,607,653.79	726,705,994.51	928,133,136.03	1,438,870,375.85	3,112,384,035.31

万华公司2007—2011年利润表

单位:元 币种:人民币

项 目	2007年	2008年	2009年	2010年	2011年
主营业务收入	344,853,089.67	571,288,456.37	881,744,022.69	1,343,705,425.49	2,104,228,713.80
主营业务成本	231,885,194.97	363,108,488.54	576,099,921.12	861,457,343.46	1,252,818,732.14
主营业务利润	111,068,404.86	204,088,816.92	300,430,060.63	472,214,494.12	838,338,332.30
营业费用	9,684,022.51	20,799,956.31	32,325,991.07	45,496,868.15	62,230,028.91
管理费用	32,842,193.23	64,562,414.72	80,369,841.78	124,971,388.59	215,272,387.62

续　表

项　目	2007年	2008年	2009年	2010年	2011年
财务费用	5,950,327.60	-1,585,239.75	-3,144,390.80	-638,574.51	8,270,832.69
营业利润	63,448,967.59	120,670,767.94	191,030,231.79	301,860,477.29	554,351,787.04
利润总额	60,256,120.61	114,391,400.66	189,949,444.67	302,097,498.27	513,736,246.03
净利润	49,803,512.36	100,728,393.18	154,326,437.19	232,278,153.27	403,504,443.85
未分配利润	25,352,634.26	28,898,929.14	43,843,757.03	218,052,371.98	366,412,157.58

要求：运用Excel对万华公司2007—2011年资产负债表、利润表进行趋势分析。

五、综合实验

浙江海正药业股份有限公司创始于1956年，位于浙江省台州市。目前海正已成为中国领先的原料药生产企业。海正共有约5,000名员工，其中超过三分之一是科技人员。2000年，海正在上海证券交易所上市。作为中国最大的抗生素、抗肿瘤药物生产基地之一，海正致力于利用自己的研发资源，为全球客户提供更好的服务。截至2010年12月31日，流通股股份总数483,780,000股。2009—2012年浙江海正药业股份有限公司母公司的资产负债表、利润表和现金流量表如下：

浙江海正药业股份有限公司资产负债表

编制单位：浙江海正药业股份有限公司　　　　单位：元　币种：人民币

项　目	2012年	2011年	2010年	2009年
流动资产：				
货币资金	251,889,507.42	251,180,328.34	197,968,926.80	262,843,208.57
交易性金融资产			71,400.00	
应收票据	16,112,540.11	4,327,550.00	14,642,470.26	10,155,397.15
应收账款	224,688,680.41	231,018,252.95	213,998,571.52	271,252,282.65
预付款项	40,388,921.81	47,050,836.66	31,508,311.68	62,422,515.79
应收利息				
应收股利				
其他应收款	735,888.13	1,214,500.00	1,590,750.00	2,045,250.00

续 表

项　目	2012 年	2011 年	2010 年	2009 年
存货	761,524,721.52	591,597,883.48	488,130,617.09	392,428,766.96
一年内到期的非流动资产				
其他流动资产	29,441,672.52			
流动资产合计	1,324,781,931.92	1,126,389,351.43	947,839,647.35	1,001,218,821.12
非流动资产：				
可供出售金融资产	29,642,993.94	118,174,935.82		
持有至到期投资				
长期应收款	557,859,217.72	555,397,765.68		
长期股权投资	2,373,440,701.94	2,233,910,468.08	3 850,279,985.57	644,714,475.20
投资性房地产	10,795,293.31	11,216,520.62	11,637,777.84	14,202,709.13
固定资产：	1,637,080,743.18	1,633,350,024.62	1,518,714,176.49	1,473,010,378.54
在建工程	477,531,645.14	226,123,366.87	230,536,623.83	280,933,530.77
工程物资				
固定资产清理				
生产性生物资产				
油气资产				
无形资产	367,030,198.70	317,074,057.24	256,052,115.79	257,524,387.54
开发支出				
商誉				
长期待摊费用				
递延所得税资产	19,024,600.84	18,054,993.29	12,316,799.54	8,754,640.44
其他非流动资产				
非流动资产合计	5,472,405,394.77	5,113,302,132.22	2,879,537,479.06	2,679,140,121.62

续 表

项 目	2012 年	2011 年	2010 年	2009 年
资产总计	6,797,187,326.69	6,239,691,483.65	3,827,377,126.41	3,680,358,942.74
流动负债:				
短期借款	345,000,000.00	197,805,400.00	229,219,263.25	510,000,000.00
交易性金融负债				
应付票据	187,845,037.00	47,875,500.00	122,305,596.01	59,847,300.00
应付账款	242,071,502.93	188,157,714.48	185,223,294.58	182,065,881.88
预收款项	15,484,399.84	7,318,612.56	1,576,970.72	7,398,737.90
应付职工薪酬	70,783,379.83	48,349,768.78	53,863,287.90	58,978,247.02
应交税费	21,263,837.96	41,410,568.45	39,410,153.02	39,917,706.14
应付利息	23,791,620.25	23,924,923.92	1,498,699.63	1,055,638.75
应付股利				
其他应付款	52,650,208.24	37,992,129.85	42,490,772.88	20,979,639.35
一年内到期的非流动负债	235,000,000.00	150,000,000.00	180,000,000.00	10,000,000.00
其他流动负债				
流动负债合计	1,193,889,986.05	742,834,618.04	855,588,037.99	890,243,151.04
非流动负债:				
长期借款	345,000,000.00	300,000,000.00	330,000,000.00	430,000,000.00
应付债券	794,518,116.09	793,224,975.42		
长期应付款				
专项应付款				
预计负债				
递延所得税负债	1,150,504.92	7,683,386.37	10,710.00	
其他非流动负债	62,110,357.52	70,362,095.76	37,479,933.21	14,285,292.10
非流动负债合计	1,202,778,978.53	1,171,270,457.55	367,479,933.21	444,296,002.10

续 表

项 目	2012 年	2011 年	2010 年	2009 年
负债合计	2,396,668,964.58	1,914,105,075.59	1,223,067,971.20	1,334,539,153.14
所有者权益：				
实收资本	839,709,058.00	524,818,161.00	483,780,000.00	483,780,000.00
资本公积	1,866,637,152.20	2,218,547,710.74	881,901,223.97	881,901,223.97
减:库存股				
专项储备				
盈余公积	304,106,941.95	285,039,507.98	242,807,975.06	211,153,678.50
一般风险准备				
未分配利润	1,390,065,209.96	1,297,181,028.34	995,819,956.18	768,984,887.13
所有者权益合计	4,400,518,362.11	4,325,586,408.06	2,604,309,155.21	2,345,819,789.60
负债和所有者权益总计	6,797,187,326.69	6,239,691,483.65	3,827,377,126.41	3,680,358,942.74

法定代表人:白骅 主管会计工作负责人:魏玲丽 会计机构负责人:胡良彬

浙江海正药业股份有限公司利润表

编制单位:浙江海正药业股份有限公司 单位:元 币种:人民币

项 目	2012 年	2011 年	2010 年	2009 年
一、营业收入	2,289,070,099.17	2,200,690,033.10	1,969,224,541.86	1,805,893,379.43
减:营业成本	1,509,628,447.60	1,306,278,427.66	1,126,332,153.73	1,037,441,885.99
营业税金及附加	12,462,548.40	17,064,799.86	17,265,784.45	20,503,944.79
销售费用	72,216,370.59	26,932,860.71	36,221,653.24	16,097,906.36
管理费用	493,028,328.71	381,530,579.68	437,761,529.86	368,330,355.96
财务费用	39,760,028.01	37,272,899.70	40,507,567.50	65,152,213.42
资产减值损失	39,189,357.91	31,626,008.13	25,463,643.98	15,090,923.97
加:公允价值变动收益			−71,400.00	71,400.00
投资收益	54,045,682.47	32,410,760.19	41,980,821.73	13,102,334.24

续 表

项 目	2012年	2011年	2010年	2009年
其中:对联营企业和合营企业的投资收益	14,726,102.36	18,895,760.19	5,048,733.37	−412,665.76
二、营业利润	176,830,700.42	432,395,217.55	327,581,630.83	296,449,883.18
加:营业外收入	49,239,969.28	57,912,064.44	38,809,176.05	21,361,506.77
减:营业外支出	4,620,948.57	5,001,146.68	8,023,226.79	14,327,092.73
其中:非流动资产处置损失	825,057.81		2,933,595.73	1,814,637.19
三、利润总额	221,449,721.13	485,306,135.31	358,367,580.09	303,484,297.22
减:所得税费用	30,775,381.39	62,990,806.08	41,824,614.48	43,596,724.00
四、净利润	190,674,339.74	422,315,329.23	316,542,965.61	259,887,573.22
五、每股收益				
(一)基本每股收益				
(二)稀释每股收益				
六、其他综合收益	−37,019,661.54	43,539,189.45		
七、综合收益总额	153,654,678.20	465,854,518.68	316,542,965.61	259,887,573.22

法定代表人:白骅　主管会计工作负责人:魏玲丽　会计机构负责人:胡良彬

浙江海正药业股份有限公司现金流量表

编制单位:浙江海正药业股份有限公司　　　单位:元　币种:人民币

项 目	2012年	2011年	2010年	2009年
一、经营活动产生的现金流量				
销售商品、提供劳务收到的现金	1,988,428,325.24	2,230,393,245.38	2,197,350,811.66	1,909,930,969.89
收到的税费返还	9,783,042.56	284,847.00	361,391.00	

续 表

项 目	2012 年	2011 年	2010 年	2009 年
收到其他与经营活动有关的现金	65,854,402.90	79,366,045.09	40,656,046.49	20,974,729.93
经营活动现金流入小计	2,064,065,770.70	2,310,044,137.47	2,238,368,249.15	1,930,905,699.82
购买商品、接受劳务支付的现金	874,133,297.10	1,181,577,655.17	1,096,865,287.72	892,882,644.43
支付给职工以及为职工支付的现金	309,363,330.02	262,190,006.23	255,107,375.31	211,977,014.71
支付的各项税费	142,560,067.78	164,661,607.55	155,643,834.26	138,142,875.42
支付其他与经营活动有关的现金	316,786,152.97	220,707,122.57	189,244,339.43	196,998,683.19
经营活动现金流出小计	1,642,842,847.87	1,829,136,391.52	1,696,860,836.72	1,440,001,217.75
经营活动产生的现金流量净额	421,222,922.83	480,907,745.95	541,507,412.43	490,904,482.07
二、投资活动产生的现金流量				
收回投资收到的现金	66,278,979.00		19,620,294.45	
取得投资收益收到的现金	33,539,181.00	29,090,576.00	13,515,000.00	13,515,000.00
处置固定资产、无形资产和其他长期资产收回的现金净额	13,179,060.19	592,343.49	8,338,421.96	436,154.60
处置子公司及其他营业单位收到的现金净额				

续 表

项 目	2012 年	2011 年	2010 年	2009 年
收到其他与投资活动有关的现金	78,960,585.00		34,664,392.00	20,478,300.00
投资活动现金流入小计	112,997,220.19	108,643,504.49	76,138,108.41	34,429,454.60
购建固定资产、无形资产和其他长期资产支付的现金	559,862,083.57	451,824,548.27	234,132,275.99	386,162,548.98
投资支付的现金	140,323,312.50	1,447,262,658.32	131,365,560.00	372,889,600.00
取得子公司及其他营业单位支付的现金净额				
支付其他与投资活动有关的现金	544,000,000.00			
投资活动现金流出小计	700,185,396.07	2,443,087,206.59	365,497,835.99	759,052,148.98
投资活动产生的现金流量净额	−587,188,175.88	−2,334,443,702.10	−289,359,727.58	−724,622,694.38
三、筹资活动产生的现金流量				
吸收投资收到的现金	1,365,749,998.08		654,335,000.00	
取得借款收到的现金	1,120,200,400.00	708,148,100.00	649,219,263.25	1,165,000,000.00
发行债券收到的现金	800,000,000.00			
收到其他与筹资活动有关的现金				

续 表

项 目	2012 年	2011 年	2010 年	2009 年
筹资活动现金流入小计	1,120,200,400.00	2,873,898,098.08	649,219,263.25	1,819,335,000.00
偿还债务支付的现金	843,005,800.00	799,561,963.25	860,000,000.00	1,416,500,000.00
分配股利、利润或偿付利息支付的现金	141,319,285.97	117,645,609.42	103,507,576.06	121,184,783.43
支付其他与筹资活动有关的现金	38,820,539.76		4,335,000.00	
筹资活动现金流出小计	984,325,085.97	956,028,112.43	963,507,576.06	1,542,019,783.43
筹资活动产生的现金流量净额	135,875,314.03	1,917,869,985.65	−314,288,312.81	277,315,216.57
四、汇率变动对现金及现金等价物的影响	1,443,377.20	308,455.64	−4,564,137.41	−421,988.37
五、现金及现金等价物净增加额	−28,646,561.82	64,642,485.14	−66,704,765.37	43,175,015.89
加:期初现金及现金等价物余额	251,180,328.34	186,537,843.20	253,242,608.57	210,067,592.68
六、期末现金及现金等价物余额	222,533,766.52	251,180,328.34	186,537,843.20	253,242,608.57

法定代表人:白骅　主管会计工作负责人:魏玲丽　会计机构负责人:胡良彬

要求:运用 Excel 对 2009—2012 年浙江海正药业股份有限公司的资产负债表、利润表和现金流量表进行趋势分析。

第三节　企业财务状况的综合分析

实验目的

1. 熟悉财务比率综合评分法中主要指标的计算，掌握运用Excel建立指标评价体系

2. 熟悉杜邦分析法中主要财务指标构成与计算，掌握运用Excel建立指标分析模型、设计杜邦系统图

一、基本知识

单独分析任何一类财务指标，都不足以全面地评价企业的财务状况和经营效果，只有对各种财务指标进行系统的、综合的分析，才能对企业的财务状况作出全面的、合理的评价。企业财务状况的综合分析方法有财务比率综合评分法和杜邦分析法两种。

1. 财务比率综合评分法

财务比率综合评分法又称沃尔评分法，是20世纪初由亚历山大·沃尔选择7项财务比率对企业的信用水平进行评价所使用的方法。所以，这种方法是通过对选定的几项财务比率进行评分，然后计算出综合得分，并据此评价企业的综合财务状况。

在选择财务比率时需要注意以下几点：

(1)**财务比率的全面性**。要求反映企业的偿债能力、营运能力和获利能力的三大类财务比率都应包括在内。

(2)**财务比率的代表性**。即要选择能够说明问题的重要的财务比率。

(3)**财务比率变化的同向性**。即当财务比率增大时，表示财务状况的改善；反之，财务比率减少时，表示财务状况的恶化。

2. 杜邦分析法

杜邦分析法由美国杜邦公司首创。杜邦分析法作为财务状况综合分析中最为常用的一种方法，就是利用各主要财务比率指标间的内在联系，对企业财务状况及经济效益进行综合系统分析评价的方法，其基本思想是将企业股东权益报酬率(ROE)逐级分解为多项财务比率乘积。该体系以股东权益报酬率为龙头，以资产净利率和权益乘数为核心，重点揭示企业

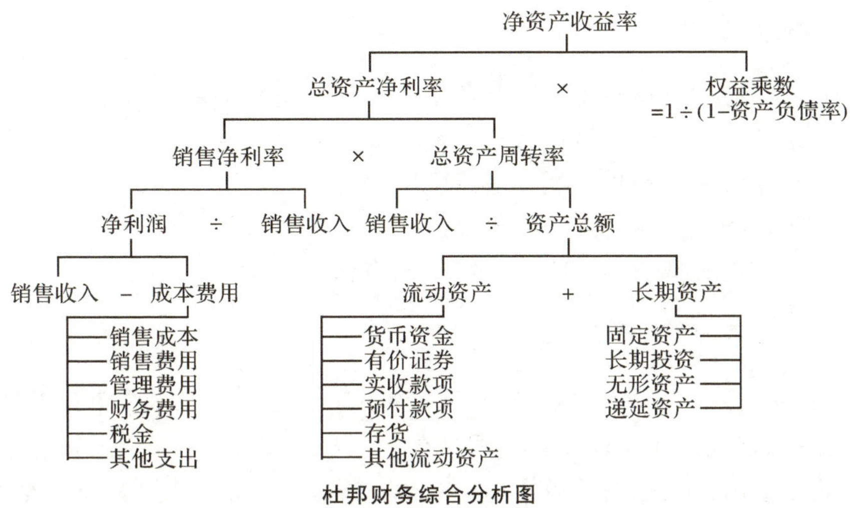

杜邦财务综合分析图

获利能力及权益乘数对净资产收益率的影响，以及各相关指标间的相互影响关系。杜邦分析法的关键是建立杜邦系统图。

从杜邦系统图可以看出，企业的获利能力涉及生产经营活动的方方面面。股东权益报酬率与企业的筹资结构、销售规模、成本水平、资产管理等因素密切相关，这些因素构成一个完整的系统，系统内部各因素之间相互作用。只有协调好系统内部各个因素之间的关系，才能使股东权益报酬率得到提高，从而实现股东财富最大化的理财目标。

二、实验原理

1. 财务比率综合评分法

选定评价企业财务状况的财务比率。

根据各项财务比率的重要程度，确定其标准评分值，即重要性系数。

规定各项财务比率评分值的上限和下限，即最高评分值和最低评分值。

确定各项财务比率的标准值。

计算企业在一定时期各项财务比率的实际值。

计算出各项财务比率实际值与标准值的比率，即关系比率。关系比率等于财务比率的实际值除以标准值。

计算出各项财务比率的实际得分。

2. 杜邦分析法

杜邦系统主要反映了以下几种主要的财务比率关系：

股东权益报酬率＝资产报酬率×权益乘数

资产报酬率＝销售净利率×总资产周转率

销售净利率＝净利润÷销售收入

总资产周转率＝销售收入÷资产平均总额

三、单项训练

万华股份有限公司成立于 1998 年 12 月 20 日，是由 4 家单位共同发起设立的、规范化运作的上市公司。公司股票于 2001 年在上海证券交易所上市，截至目前，公司总股本达到 65,280 万股，注册资金为 6.528 亿元。

已知公司的资产负债表、主营业务表及利润表如下。

万华公司 2003—2004 年资产负债表

单位:元 币种:人民币

项 目	2011 年	2010 年	项 目	2011 年	2010 年
流动资产:			流动负债:		
货币资金	376,490,210.15	255,106,314.29	短期借款	171,382,500.00	8,501,558.50
短期投资	58,173,562.02	53,382,873.29	应付票据		
应收票据	233,817,438.39	40,001,259.00	应付账款	173,252,218.70	144,287,181.92
应收股利			预收账款	56,838,502.81	48,087,475.08
应收利息			应付工资	51,553,095.48	17,858,934.82
应收账款	7,251,302.96	21,489,816.41	应付福利费	11,414,330.04	7,894,614.99
其他应收款	7,376,177.74	5,322,792.80	应付股利		
预付账款	62,409,442.01	18,890,324.03	应缴税金	26,396,481.16	19,586,258.38
应收补贴款			其他应交款	51,592.05	304,244.30
存货	276,734,083.68	134,963,979.70	其他应付款	28,237,624.54	7,799,440.40
待摊费用			预提费用	813,684.12	6,178,839.97
一年内到期的长期债权投资			一年内到期的长期负债		33,000,000.00
其他流动资产			其他流动负债		
流动资产合计	1,022,252,216.95	529,157,359.52	流动负债合计	519,940,028.90	293,498,548.36
长期投资:			长期负债:		

续　表

项　目	2011 年	2010 年	项　目	2011 年	2010 年
长期股权投资	20,000,000.00	20,000,000.00	长期借款	1,060,382,500.00	84,000,000.00
长期债权投资			应付债券		
长期投资合计	20,000,000.00	20,000,000.00	长期应付款		
固定资产:			专项应付款	167,292,178.40	23,473,351.20
固定资产原价	676,609,451.05	698,730,145.97	其他长期负债		
减:累计折旧	134,327,238.50	144,872,147.18	长期负债合计	1,227,674,678.40	107,473,351.20
固定资产净值	542,282,212.55	553,857,998.79	负债合计	1,747,614,707.30	400,971,899.56
减:固定资产减值准备			少数股东权益	73,828,709.08	73,742,160.65
固定资产净额	542,282,212.55	553,857,998.79	股东权益:		
工程物资	79,060,026.88		股本	652,800,000.00	384,000,000.00
在建工程	1,448,062,021.61	335,369,597.91	减:已归还投资		
固定资产清理			股本净额	652,800,000.00	384,000,000.00
固定资产合计	2,069,404,261.04	889,227,596.70	资本公积	30,643,663.76	222,563,804.32
无形资产及其他资产:			盈余公积	241,084,797.59	139,540,139.34
无形资产			其中:法定公益金	96,959,520.57	56,341,657.27
长期待摊费用	727,557.32	485,419.63	未分配利润	366,412,157.58	218,052,371.98
其他长期资产			外币报表折算差额		

续 表

项　目	2011 年	2010 年	项　目	2011 年	2010 年
无形资产及其他资产合计	727,557.32	485,419.63	减:未确认投资损失		
递延税项:			其中:现金股利	130,560,000.00	76,800,000.00
递延税款借项			股东权益合计	1,290,940,618.93	964,156,315.64
资产总计	3,112,384,035.31	1,438,870,375.85	负债和股东权益合计	3,112,384,035.31	1,438,870,375.85

万华公司 2010—2011 年主营业务表

单位:元　币种:人民币

项　目	2011 年	2010 年
一、主营业务收入	2,104,228,713.80	1,343,705,425.49
减:主营业务成本	1,252,818,732.14	861,457,343.46
主营业务税金及附加	13,071,649.36	10,033,587.91
二、主营业务利润	838,338,332.30	472,214,494.12

万华公司 2010—2011 年利润表

单位:元　币种:人民币

项　目	2011 年	2010 年
一、主营业务收入	2,104,228,713.80	1,343,705,425.49
减:主营业务成本	1,252,818,732.14	861,457,343.46
主营业务税金及附加	13,071,649.36	10,033,587.91
二、主营业务利润	838,338,332.30	472,214,494.12
加:其他业务利润	1,786,703.96	—524,334.60
减:营业费用	62,230,028.91	45,496,868.15
管理费用	215,272,387.62	124,971,388.59
财务费用	8,270,832.69	—638,574.51
三、营业利润	554,351,787.04	301,860,477.29
加:投资收益	2,890,900.94	946,914.20
补贴收入		
营业外收入	937,941.40	272,840.89
减:营业外支出	44,444,383.35	982,734.11
四、利润总额	513,736,246.03	302,097,498.27
减:所得税	110,145,253.75	69,827,184.35
减:少数股东损益	86,548.43	—7,839.35
加:未确认投资损失		
五、净利润	403,504,443.85	232,278,153.27

附 表

单位:元 币种:人民币

项 目	2011 年	2010 年
一、净利润	403,504,443.85	232,278,153.27
加:年初未分配利润	218,052,371.98	120,643,757.03
二、可供分配利润	621,556,815.83	352,921,910.30
减:提取法定盈余公积金	40,617,863.30	23,227,815.33
减:提取法定公益金	40,617,863.30	23,227,815.33
三、可供股东分配利润	540,321,089.23	306,466,279.64
减:提取任意盈余公积	20,308,931.65	11,613,907.66
应付普通股股利	76,800,000.00	76,800,000.00
转作股本的普通股股利	76,800,000.00	
四、未分配利润	366,412,157.58	218,052,371.98
股利支付金额	130,560,000.00	76,800,000.00
股票总数	652,800,000.00	384,000,000.00

要求:

1. 运用 Excel 对万华公司 2011 年财务状况进行综合评价。

2. 运用 Excel 对万华公司 2011 年财务状况进行杜邦分析,计算相关比率并设计分析图。

四、综合实验

▶实验材料

浙江海正药业股份有限公司创始于 1956 年,位于浙江省台州市。目前海正已成为中国领先的原料药生产企业。海正共有约 5,000 名员工,其中超过三分之一是科技人员。2000 年,海正在上海证券交易所上市。作为中国最大的抗生素、抗肿瘤药物生产基地之一,海正致力于利用自己的研发资源,为全球客户提供更好的服务。截至 2010 年 12 月 31 日,流通股股份总数 483,780,000 股。2009—2012 年浙江海正药业股份有限公司母公司的资产负债表、利润表和现金流量表如下:

浙江海正药业股份有限公司资产负债表

编制单位:浙江海正药业股份有限公司　　　　单位:元　币种:人民币

项　目	2012 年	2011 年	2010 年	2009 年
流动资产:				
货币资金	251,889,507.42	251,180,328.34	197,968,926.80	262,843,208.57
交易性金融资产			71,400.00	
应收票据	16,112,540.11	4,327,550.00	14,642,470.26	10,155,397.15
应收账款	224,688,680.41	231,018,252.95	213,998,571.52	271,252,282.65
预付款项	40,388,921.81	47,050,836.66	31,508,311.68	62,422,515.79
应收利息				
应收股利				
其他应收款	735,888.13	1,214,500.00	1,590,750.00	2,045,250.00
存货	761,524,721.52	591,597,883.48	488,130,617.09	392,428,766.96
一年内到期的非流动资产				
其他流动资产	29,441,672.52			
流动资产合计	1,324,781,931.92	1,126,389,351.43	947,839,647.35	1,001,218,821.12
非流动资产:				
可供出售金融资产	29,642,993.94	118,174,935.82		
持有至到期投资				
长期应收款	557,859,217.72	555,397,765.68		
长期股权投资	2,373,440,701.94	2,233,910,468.08	3 850,279,985.57	644,714,475.20
投资性房地产	10,795,293.31	11,216,520.62	11,637,777.84	14,202,709.13
固定资产:	1,637,080,743.18	1,633,350,024.62	1,518,714,176.49	1,473,010,378.54
在建工程	477,531,645.14	226,123,366.87	230,536,623.83	280,933,530.77
工程物资				
固定资产清理				
生产性生物资产				
油气资产				

续 表

项目	2012年	2011年	2010年	2009年
无形资产	367,030,198.70	317,074,057.24	256,052,115.79	257,524,387.54
开发支出				
商誉				
长期待摊费用				
递延所得税资产	19,024,600.84	18,054,993.29	12,316,799.54	8,754,640.44
其他非流动资产				
非流动资产合计	5,472,405,394.77	5,113,302,132.22	2,879,537,479.06	2,679,140,121.62
资产总计	6,797,187,326.69	6,239,691,483.65	3,827,377,126.41	3,680,358,942.74
流动负债:				
短期借款	345,000,000.00	197,805,400.00	229,219,263.25	510,000,000.00
交易性金融负债				
应付票据	187,845,037.00	47,875,500.00	122,305,596.01	59,847,300.00
应付账款	242,071,502.93	188,157,714.48	185,223,294.58	182,065,881.88
预收款项	15,484,399.84	7,318,612.56	1,576,970.72	7,398,737.90
应付职工薪酬	70,783,379.83	48,349,768.78	53,863,287.90	58,978,247.02
应交税费	21,263,837.96	41,410,568.45	39,410,153.02	39,917,706.14
应付利息	23,791,620.25	23,924,923.92	1,498,699.63	1,055,638.75
应付股利				
其他应付款	52,650,208.24	37,992,129.85	42,490,772.88	20,979,639.35
一年内到期的非流动负债	235,000,000.00	150,000,000.00	180,000,000.00	10,000,000.00
其他流动负债				
流动负债合计	1,193,889,986.05	742,834,618.04	855,588,037.99	890,243,151.04
非流动负债:				
长期借款	345,000,000.00	300,000,000.00	330,000,000.00	430,000,000.00

续 表

项 目	2012年	2011年	2010年	2009年
应付债券	794,518,116.09	793,224,975.42		
长期应付款				
专项应付款				
预计负债				
递延所得税负债	1,150,504.92	7,683,386.37	10,710.00	
其他非流动负债	62,110,357.52	70,362,095.76	37,479,933.21	14,285,292.10
非流动负债合计	1,202,778,978.53	1,171,270,457.55	367,479,933.21	444,296,002.10
负债合计	2,396,668,964.58	1,914,105,075.59	1,223,067,971.20	1,334,539,153.14
所有者权益:				
实收资本	839,709,058.00	524,818,161.00	483,780,000.00	483,780,000.00
资本公积	1,866,637,152.20	2,218,547,710.74	881,901,223.97	881,901,223.97
减:库存股				
专项储备				
盈余公积	304,106,941.95	285,039,507.98	242,807,975.06	211,153,678.50
一般风险准备				
未分配利润	1,390,065,209.96	1,297,181,028.34	995,819,956.18	768,984,887.13
所有者权益合计	4,400,518,362.11	4,325,586,408.06	2,604,309,155.21	2,345,819,789.60
负债和所有者权益总计	6,797,187,326.69	6,239,691,483.65	3,827,377,126.41	3,680,358,942.74

法定代表人:白骅　主管会计工作负责人:魏玲丽　会计机构负责人:胡良彬

浙江海正药业股份有限公司利润表

编制单位:浙江海正药业股份有限公司　　　　单位:元　币种:人民币

项 目	2012年	2011年	2010年	2009年
一、营业收入	2,289,070,099.17	2,200,690,033.10	1,969,224,541.86	1,805,893,379.43
减:营业成本	1,509,628,447.60	1,306,278,427.66	1,126,332,153.73	1,037,441,885.99
营业税金及附加	12,462,548.40	17,064,799.86	17,265,784.45	20,503,944.79

续 表

项 目	2012年	2011年	2010年	2009年
销售费用	72,216,370.59	26,932,860.71	36,221,653.24	16,097,906.36
管理费用	493,028,328.71	381,530,579.68	437,761,529.86	368,330,355.96
财务费用	39,760,028.01	37,272,899.70	40,507,567.50	65,152,213.42
资产减值损失	39,189,357.91	31,626,008.13	25,463,643.98	15,090,923.97
加:公允价值变动收益			−71,400.00	71,400.00
投资收益	54,045,682.47	32,410,760.19	41,980,821.73	13,102,334.24
其中:对联营企业和合营企业的投资收益	14,726,102.36	18,895,760.19	5,048,733.37	−412,665.76
二、营业利润	176,830,700.42	432,395,217.55	327,581,630.83	296,449,883.18
加:营业外收入	49,239,969.28	57,912,064.44	38,809,176.05	21,361,506.77
减:营业外支出	4,620,948.57	5,001,146.68	8,023,226.79	14,327,092.73
其中:非流动资产处置损失	825,057.81		2,933,595.73	1,814,637.19
三、利润总额	221,449,721.13	485,306,135.31	358,367,580.09	303,484,297.22
减:所得税费用	30,775,381.39	62,990,806.08	41,824,614.48	43,596,724.00
四、净利润	190,674,339.74	422,315,329.23	316,542,965.61	259,887,573.22
五、每股收益				
(一)基本每股收益				
(二)稀释每股收益				
六、其他综合收益	−37,019,661.54	43,539,189.45		
七、综合收益总额	153,654,678.20	465,854,518.68	316,542,965.61	259,887,573.22

法定代表人:白骅　主管会计工作负责人:魏玲丽　会计机构负责人:胡良彬

浙江海正药业股份有限公司现金流量表

编制单位:浙江海正药业股份有限公司　　　　单位:元　币种:人民币

项　目	2012 年	2011 年	2010 年	2009 年
一、经营活动产生的现金流量				
销售商品、提供劳务收到的现金	1,988,428,325.24	2,230,393,245.38	2,197,350,811.66	1,909,930,969.89
收到的税费返还	9,783,042.56	284,847.00	361,391.00	
收到其他与经营活动有关的现金	65,854,402.90	79,366,045.09	40,656,046.49	20,974,729.93
经营活动现金流入小计	2,064,065,770.70	2,310,044,137.47	2,238,368,249.15	1,930,905,699.82
购买商品、接受劳务支付的现金	874,133,297.10	1,181,577,655.17	1,096,865,287.72	892,882,644.43
支付给职工以及为职工支付的现金	309,363,330.02	262,190,006.23	255,107,375.31	211,977,014.71
支付的各项税费	142,560,067.78	164,661,607.55	155,643,834.26	138,142,875.42
支付其他与经营活动有关的现金	316,786,152.97	220,707,122.57	189,244,339.43	196,998,683.19
经营活动现金流出小计	1,642,842,847.87	1,829,136,391.52	1,696,860,836.72	1,440,001,217.75
经营活动产生的现金流量净额	421,222,922.83	480,907,745.95	541,507,412.43	490,904,482.07
二、投资活动产生的现金流量				
收回投资收到的现金	66,278,979.00		19,620,294.45	
取得投资收益收到的现金	33,539,181.00	29,090,576.00	13,515,000.00	13,515,000.00
处置固定资产、无形资产和其他长期资产收回的现金净额	13,179,060.19	592,343.49	8,338,421.96	436,154.60

续 表

项 目	2012年	2011年	2010年	2009年
处置子公司及其他营业单位收到的现金净额				
收到其他与投资活动有关的现金	78,960,585.00		34,664,392.00	20,478,300.00
投资活动现金流入小计	112,997,220.19	108,643,504.49	76,138,108.41	34,429,454.60
购建固定资产、无形资产和其他长期资产支付的现金	559,862,083.57	451,824,548.27	234,132,275.99	386,162,548.98
投资支付的现金	140,323,312.50	1,447,262,658.32	131,365,560.00	372,889,600.00
取得子公司及其他营业单位支付的现金净额				
支付其他与投资活动有关的现金	544,000,000.00			
投资活动现金流出小计	700,185,396.07	2,443,087,206.59	365,497,835.99	759,052,148.98
投资活动产生的现金流量净额	−587,188,175.88	−2,334,443,702.10	−289,359,727.58	−724,622,694.38
三、筹资活动产生的现金流量				
吸收投资收到的现金	1,365,749,998.08		654,335,000.00	
取得借款收到的现金	1,120,200,400.00	708,148,100.00	649,219,263.25	1,165,000,000.00
发行债券收到的现金	800,000,000.00			
收到其他与筹资活动有关的现金				
筹资活动现金流入小计	1,120,200,400.00	2,873,898,098.08	649,219,263.25	1,819,335,000.00

续 表

项 目	2012年	2011年	2010年	2009年
偿还债务支付的现金	843,005,800.00	799,561,963.25	860,000,000.00	1,416,500,000.00
分配股利、利润或偿付利息支付的现金	141,319,285.97	117,645,609.42	103,507,576.06	121,184,783.43
支付其他与筹资活动有关的现金	38,820,539.76		4,335,000.00	
筹资活动现金流出小计	984,325,085.97	956,028,112.43	963,507,576.06	1,542,019,783.43
筹资活动产生的现金流量净额	135,875,314.03	1,917,869,985.65	−314,288,312.81	277,315,216.57
四、汇率变动对现金及现金等价物的影响	1,443,377.20	308,455.64	−4,564,137.41	−421,988.37
五、现金及现金等价物净增加额	−28,646,561.82	64,642,485.14	−66,704,765.37	43,175,015.89
加:期初现金及现金等价物余额	251,180,328.34	186,537,843.20	253,242,608.57	210,067,592.68
六、期末现金及现金等价物余额	222,533,766.52	251,180,328.34	186,537,843.20	253,242,608.57

法定代表人:白骅　主管会计工作负责人:魏玲丽　会计机构负责人:胡良彬

要求:

1. 运用Excel对2012年浙江海正药业股份有限公司财务状况进行综合评价。

2. 运用Excel对2012年浙江海正药业股份有限公司财务状况进行杜邦分析,计算相关比率并设计分析图。

第六章

财务管理案例实验

第一节 华光公司融资需求的预测

实验目的

1. 熟悉融资数量预测的步骤
2. 掌握融资数量预测的方法

一、案例资料

华光公司是一家生产机器设备的国有企业,2007 年完成销售收入 746 万元,实现净利 74.6 万元,向投资者分配利润 22.38 万元。2007 年 12 月 31 日资产负债情况见下表。

华光公司资产负债表

编制单位:华光公司　　　　单位:万元

项　目	年末数	项　目	年末数
货币资金	75	短期借款	105
短期投资	18	应付票据	9
应收票据	19	应付账款	209
应收账款	600	预收账款	14
减:坏账准备	3	应付工资	9
应收账款净额	597	应付福利费	28
其他应收款	50	应付利润(股利)	38
预付账款	10	应付利息	
期货保证金		应交税金	9
应收补贴款		其他应交款	8
应收出口退税		其他应付款	19
存　货	445	预提费用	14
待摊费用	39	预计负债	
待处理流动资产净损失	12	一年内到期的长期负债	50
一年内到期的长期债权投资	45	其他流动负债	8
流动资产合计	1,310	流动负债合计	520

续 表

项 目	年末数	项 目	年末数
长期投资	75	长期借款	695
其中:长期股权投资	75	应付债券	500
长期债权投资		长期应付款	110
长期投资合计	75	专项应付款	
		其他长期负债	35
固定资产原价	3,617	长期负债合计	1,340
减:累计折旧	1,424		
固定资产净值	2,193	负债合计	1,860
减:固定资产减值准备			
固定资产净额		实收资本(股本)	200
固定资产清理	12	国家资本	
在建工程	35	集体资本	
待处理固定资产净损失	18	法人资本	
固定资产合计	2,258	个人资本	
		外商资本	
无形资产	14	资本公积	26
其中:土地使用权		盈余公积	114
递延资产 (长期待摊费用)	20	其中:法定公益金	
其他长期资产	3	未分配利润	1,480
无形及其他资产合计	37	所有者权益合计	1,820
资产总计	3,680	负债和所有者权益合计	3,680

年初公司拟进行2008年财务预测,于是,公司领导组织各生产部门主管、供销部门主营、财务主管等召开了2008年生产、销售、资金计划会。会上,大家根据所掌握的情况,并结合本公司实际分别做了发言。

销售部主管认为,企业产品市场需求较好,本年度可适当增加产品生产量,如果企业生产能力允许的话,可比上年增长20%。销售价格不会有什么变化。

生产部主管认为,车间现在还有剩余生产能力,如果产品能够占领市场，销售有保证，依企业现有的生产能力，完成比上年增长20%的生产任务没有问题，即增加产销量不需要进行固定资产方面的投资。

财务部主管分析了上年资金使用情况，认为2007年末其他应收款占用较多，2008年其他应收款占营业收入的比例应在2007年末的基础上下降2%。其他方面资金使用没什么问题。

会议结束时，经理责成财务部主管根据各部门提出的有关数据资料或建议，预测一下2008年需要从外界融通多少资金，以便公司作进一步筹资安排。

会后，财务部立即着手进行资金需要量的预测。根据历史资料考察，公司流动资产、应付款项和预提费用都随销售收入的变动成正比关系；而长期资产项目、短期借款、应付票据、长期负债以及股东权益项目则与销售无关；2008年如较好地压缩费用支出，预计销售净利率将比上年增长10%，股利支付率与上年相同，留存收益增加，可以满足企业部分融资需求。于是，财务部根据销售百分比法编制出公司2008年的融资需求，见下表：

华光公司2008年的融资需求

项　目	上年期末实际	上年占销售百分比(%) (销售额746万元)	本年计划数 (销售额895.2万元)
资　产：			
货币资金	75.00	10.05	89.97
应收账款	597.00	80.03	716.43
其他应收款	50.00	6.70	42.07
存　货	445.00	59.65	533.97
其他流动资产	143.00	19.17	171.61
长期资产	2,370.00	—	2,370.00
资产总计	3,680.00		3,924.05
负债和所有者权益：			
短期借款	105.00	—	105.00
应付票据	9.00	—	9.00
应付款项	342.00	45.84	410.36

续　表

项　目	上年期末实际	上年占销售百分比(%)(销售额 746 万元)	本年计划数(销售额 895.2 万元)
预提费用	14.00	1.88	16.82
长期负债	1,390.00	—	1,390.00
负债合计	1,860.00		1,931.18
实收资本(股本)	200.00	—	200.00
资本公积	26.00	—	26.00
留存收益	1,594.00	—	1,662.92
所有者权益合计	1,820.00		1,888.92
融资需求			103.95
总　计	3,680.00		3,924.05

二、思考与讨论

1. 融资需求的预测方法。
2. 华光公司是怎样进行 2008 年融资需求预测的？

第二节　华工科技股筹资方式的选择

实验目的

1. 熟悉股票发行条件
2. 掌握股票发行价格的确定

一、案例资料

华工科技产业股份有限公司，成立于 1999 年底，是由华中理工大学科技开发总公司、华中理工大学印刷厂、武汉建设投资公司、武汉鸿象信息技术公司、华中理工大学机电工程公司、江汉石油钻头股份有限公司共同发起设立的股份有限公司，主营激光器、激光加工系列设备及成套设备、激光医疗设备等。

2000 年上半年，公司本着“为客户提供满意产品、为股东创造丰厚回报、为员工营造创新空间”的宗旨，确立经营目标，实施“华工激光”“华工图像”“华工高理”和“开目软件”的品牌战略，以创新求发展，实现了主营业务收入 4,593.44 万元、净利润 1,587.81 万元，比上年同期分别增长了

26.1%和9.23%。截至2000年6月末，华工科技产业股份有限公司总股本达到11,500万股，总资产为59,512万元，净资产56,420万元。

经中国证券监督管理委员会批准，公司将向社会公众发行普通股票(A)3,000万股募集生产经营所需资金。股票发行上市后公司总股本为11,500万股。

1. 华工科技产业股份有限公司公开向社会公众发行3,000万股的有关情况

(1)股票价格名称：华工科技产业股份有限公司，简称“华工科技”。

(2)股票种类：人民币普通股(A)股。

(3)发行总数：3,000万股。

(4)每股面值：13.98元。

(5)发行时间：2000年6月8日。

(6)发行地区：与深圳证券交易所系统联网的证券营业网点。

(7)公开发行对象：在深圳证券交易所开立账户的境内自然人和法人(国家法律、法规禁止者除外)。

(8)股票发行人：华工科技产业股份有限公司，法人代表：王延觉。

(9)主承销商：长江证券有限责任公司。

2. 近3年财务状况

华工科技产业股份有限公司近3年的主要财务指标

单位：千元

财务指标	1999年	1998年	1997年
总资产	185,007.13	135,145.01	118,779.47
流动资产	127,009.42	94,998.67	67,406.25
长期投资	8,856.24	100.00	
固定资产	37,738.67	27,825.91	26,716.00
无形、递延资产	11,402.80	12,220.43	24,657.22
流动负债	43,076.86	27,429.51	22,298.30
长期负债	0.00	1,000.00	0.30
股东权益	141,521.61	106,246.46	95,728.60

续 表

财务指标	1999 年	1998 年	1997 年
资本公积金	38,968.28		
主营业务收入	93,400.48	81,331.56	57,978.20
主营业务利润	45,331.49	41,452.17	33,567.41
利润总额	31,193.93	22,153.50	18,268.87
净利润	30,556.76	22,212.61	18,452.68
未分配利润	12,969.81		

3. 公司大股东持股及股本结构情况

华工科技产业股份有限公司大股东持股情况

截止日期:2000 年 6 月 30 日

股东名称	持股数(股)	持股比例(%)
华中理工大学科技开发总公司	65,454,900	56.917
华中理工大学印刷厂	7,027,400	6.111
江汉石油钻头股份有限公司	6,856,600	5.960
武汉建设投资公司	3,977,500	3.459
同盛证券投资基金	1,000,003	0.870
金泰基金	993,665	0.846
武汉鸿象信息技术公司	876,100	0.762
华中理工大学机电工程公司	807,500	0.702
开元基金	700,287	0.609
景宏证券投资基金	550,000	0.478

华工科技产业股份有限公司股本结构

截止日期:2000 年 6 月 30 日

类　别	2000 年中期	1999 年末	1998 年末
境内法人股(万股)	8,500	8,500	8,500
A 股(万股)	3,000		
总股本(万股)	11,500	8,500	8,500

4. 发行公司发展战略

切实贯彻“以人为本”的经营理念，以全国首批大学科技园试点之一的华中理工大学科技园为产业基础，以进入资本市场为契机，加强技术创新力度，致力开发高科技成果产业化，为股东创造满意的回报。

5. 产业发展方向

(1)建设全国最大的激光产业基础，继续保持激光技术在国内的领先地位，并努力追赶国际先进水平。

(2)发挥公司激光机电一体化和制造业软件与信息系统集成方面的强大优势，实现对设计、制造、住处管理、先进制造工具的应用多方面集成解决方案，为应用企业提供制造全过程服务，提高我国制造工具业技术水平和管理水平，并大力发挥激光技术、数控技术在国防现代化中的应用。

(3)建设全国最大的激光全息防伪包装生产基础和敏感元器件研究开发生产基地，进一步缩短与国际先进水平的差距，并逐渐打入海外市场。

公司还将充分运用资本运营等手段，根据产业和技术的关联性发展其他有潜力的项目，不断形成新的利润增长点。

6. 生产经营计划

到 2001 年，公司各类销售收入力争达到 2.5 亿元，利润 8,000 万元；2005 年分别达到 7.9 亿元和 3.5 亿元。其中：

(1)对于目前盈利能力较强、规模较大的激光防伪标识与包装、PTC 电子元器件产业，将不断加大研究开发力度，增加产品种类、扩大生产规模，使其产值在 2001 年分别达到 8,000 万元和 5,000 万元；2005 年争取达到 15,000 万元和 10,000 万元。

(2)力争 2005 年使各类激光器及激光加工、医疗等设备的销售达到 2.5 亿元；加强数控产品的研究开发力度和生产规模，到 2005 年销售实现 1.3 亿元。

(3)加大软件与系统集成业务投入，到 2001 年实现软件销售及各种收入 4,800 万元；2005 年达到 1.6 亿元。

7. 营销网络建设

为保证公司销售目标的实现，将加大营销网络建设的力度，重新布局各分公司原有的营销网络，推出全面合作伙伴计划，形成一大批稳定的战略性客户，同时积极拓展海外市场，力争在较短的时间内通过代理、自营迅速打开国际市场，从而为直接进军海外、参与国际竞争铺平道路。

8. 人力资源计划

公司以良好的培训计划、积极的激励机制、向上的企业文化稳定现有的管理人才和技术人才，同时敞开胸怀广为吸收各地、各类、各科优秀人才，努力形成一支素质高、创新能力强的科技开发队伍。计划在近3年内引进激光、数控、计算机、管理、营销等专业硕士、博士及以上的高级人才150人。

9. 投资、融资计划

公司通过本发行募集资金约4.07亿元，投资于激光产品、数控系统、软件、防伪包装材料、敏感元器件等项目。项目总投资规模达3.8亿元，其中固定资产投资为2.5亿元。华工科技面临的投资项目及所需要的投资额主要有：

(1)开发香烟水松纸激光打孔机生产线，需投资3,850万元人民币。

(2)汉网高速无线互联网项目，两次分别投资2,000万元和1.2亿元人民币。

(3)华工科技收购澳大利亚ACS公司资产项目，需投资400万澳元。

(4)华工科技与湖北长源电力股份有限公司等7家股东签订了发起人协议书，决定共同设立武汉华工创业投资有限公司，需出资1,000万元。

(5)向武汉华工激光工程有限责任公司投入资本金，用于激光系列产品开发项目，投资额为11,340万元。

二、思考与讨论

(1)华工科技产业股份有限公司(即设立公司)发行股票筹资如何决策?

(2)结合华工科技产业股份有限公司每股净利润、利润增长的速度以及2000年预测税后利润4,001.15万元和发展前景、市场供求等因素，按发行市盈率34.94倍确定股票发行价格。华工科技产业股份有限公司股票发行价格如何决策?

(3)华工科技产业股份有限公司股票筹资规模如何决策?

(4)设立股份有限公司申请公开发行股票,应当符合哪些条件?

(5)股份有限公司增资公开发行股票的,应当符合哪些条件?

(6)设立股份有限公司申请公开发行股票与股份有限公司增资发行股票有何不同?

(7)股份有限公司增发新股有哪些利与弊?

第三节 云南绿远公司项目投资评价

实验目的

1. 掌握现金流量的内容及测算
2. 掌握折现率的确定方法
3. 掌握项目投资决策的方法
4. 掌握项目投资敏感性分析的方法

一、案例资料

云南绿远(集团)公司是元江目前最大的芦荟种植加工企业,拥有近1,000亩芦荟,注册资金1,000万元。由总经理投资410万元,占股份41%;县农资公司投资400万元,占股份40%;县糖厂投资190万元,占股份19%。生产的"生命故事"芦荟系列产品有化妆品、保健食品等,取得了良好的经济效益。

某进出口总公司和云南某生物制品公司合作开发一个芦荟生产项目,共同投资成立绿远公司经营该项目。

二、芦荟产品市场预测

芦荟是百合科草本植物,具有护肤、保湿、抗菌、防辐射、提高免疫力的多种功能。在世界范围,芦荟已广泛用于化妆品、保健食品、饮料工业等领域。芦荟产业的兴起,迎合了化妆品向高雅、自然、温和无刺激、保湿、防衰老发展的趋势,食品工业朝绿色无污染、改善饮食结构、注重健康发展的趋势。开发和利用芦荟植物资源,符合国家生物资源产业发展方向,是人类生存和发展的客观要求,是新兴的朝阳产业。

1. 国内市场需求预测

我国是发展中国家,在改革开放方针指引下,经济高增长,部分地区的居民已步入小康阶段，伴随着人们收入的增加和生活水平的提高，化妆品和保健品的市场需求将迅速增加。根据化妆品工业协会与国际咨询公司预测，中国化妆品市场今后几年将以10%～20%的年均增长率发展。其中，作为化妆品新生力量的芦荟化妆品，将以高于整个化妆品产业的发展速度增长，这是化妆品业内人士的普遍预计。保健食品工业若以年均8%的速度递增，则2005年保健食品工业所需的芦荟工业原料折合成冻干粉约8吨。专家们预测，芦荟工业原料在化妆品工业中的增长速度为15%～25%的概率较大，在保健食品中将稳定发展，据此估计，2005年芦荟工业原料的需求折合冻干粉48～80吨。

2. 国际市场发展预测

改善健康状况、提高生活质量、追求自然与人类的和谐统一和可持续发展已成为21世纪的主流。植物提取物正逐步取代化学合成品，生物技术迅速崛起，绿色、回归自然渐成时尚。由于芦荟植物能很好地迎合人们新的需求，其产品必将成为21世纪继续重点开发的对象。从市场的分布来看，当前芦荟市场主要分布在美国、欧洲、日本等少数发达国家，芦荟产业的发展是不平衡的，潜在市场是巨大的。

3. 规避风险方面

在项目生产工艺方案部分，本套生产线不仅可以用于芦荟浓缩液的生产，还可以用于水果汁的生产。因此，如果市场不景气，没有达到设计的生产能力，那么公司可以利用本套生产线的剩余生产能力生产水果汁。由于固定资产投资金额大，投资回收期长，巨额投资一旦投出就难以改变，具有很大的风险性。那么，即使未来不确定因素不利于生产芦荟产品，本套生产线还可及时转产水果汁，改变投资、经营策略，为化解风险减低成本多提供一种途径，同样也可能产生较大的经济效益和社会效益。

三、项目生产能力及产品方案

从上面的市场分析可以看出，选择年产40吨芦荟冻干粉的生产规模是比较妥当的。具体产品方案为：

芦荟浓缩液800吨（折合冻干粉40吨），建成芦荟浓缩液生产线一条。400吨供应冻干粉生产线作为原材料，其余400吨无菌包装后外销。

年产芦荟冻干粉20吨，建成芦荟冻干粉生产线一条。

四、厂址选择

该项目拟建于云南省玉溪市元江县城郊，距县城约3,000米，在原元江县供销社农资公司仓库南侧征地20亩，新建加工厂区，元江县供销社为本项目股东之一，对其原有仓库、办公楼等建筑物进行统一规划，留作安装芦荟终端产品生产线使用。

五、项目总投资估算

项目总投资3,931.16万元，其中建设投资3,450.16万元，占总投资的87.76%；流动资金481.01万元，占总投资的12.24%。工程费用和其他费用形成固定资产，其中芦荟浓缩液车间、冻干粉车间及几个管理部门使用的固定资产分别为1,914.38万元、1,197.38万元和67.39万元；预备费用形成开办费用。

六、资金的筹集和使用

1. 资金筹措

本项目总投资3,931.16万元，其中1,965.58万元向商业银行贷款，贷款利率8%；其余1,965.58万元自筹，投资者期望的最低报酬率为20%。这一资本结构也是该企业的目标资本结构。

2. 资金使用计划

本项目建设期1年，项目总投资中，建设性投资3,450.16万元应在建设期期初一次全部投入使用；流动资金481.00万元，在投产的第一年年初一次投入使用。项目生产期为15年。

七、财务成本数据预算

1. 产品成本估算依据

(1)材料消耗按工艺定额和目前价格估算。

(2)工资及福利费。工资按定员与岗位工资标准估算。总定员120人，人均年工资6,420元。福利费按工资总额的14%计提。根据全厂劳动定员，计入芦荟浓缩液、冻干粉成本中的工资及福利费分别为321,480

元和 116,280 元。其余部分计入管理费用和销售费用,已包含在下面的预算中。

(3)制造费用估计。预计芦荟浓缩液、冻干粉的年制造成本分别为 2,125,012.94元和 1,375,747.94 元,其中包含折旧费。折旧费按 15 年计算,残值率按 5%计算。除折旧外,其余均为可变成本。

(4)管理费用估计。开办费按 5 年摊销;折旧费按 15 年计算,残值率按 5%计算;其他管理费用估算为 80 万元/年(含工资),其中 60 万元为固定成本。

(5)销售费用估计。销售费用估算为 288 万元,其中包括人员工资及福利费、广告费、展览费、运输费、销售网点费等,其中 200 万元为固定成本。

2. 销售价格预测

本项目销售价格按国外报价的 50%计算,即浓缩液 60,000 元/吨、冻干粉 1,200,000 元/吨。

3. 相关税率

为简便起见,本案例假设没有增值税。城建税和教育费附加等已考虑在相关费用的预计中。所得税税率按 33%计算。

4. 相关数据

芦荟浓缩液消耗定额及价格表

序号	项　目	规　格	单　位	单　价（元）	单位消耗定额（吨）	单位直接材料成本（元）
1	原材料					22,488.91
1.1	原料					21,668.38
1.1.1	鲜芦荟	0.8—1.2 千克	吨	1,080.00	20.00	21,600.00
1.1.2	添加剂		千克	136.75	0.50	68.38
1.2	包装材料					820.53
1.2.1	无菌袋		个	42.74	5.00	213.70
1.2.2	铁桶		个	119.66	5.00	598.30

续 表

序号	项　目	规　格	单　位	单　价（元）	单位消耗定额（吨）	单位直接材料成本（元）
1.2.3	塑料桶		个	1.71	5.00	8.53
2	燃料及动力					832.30
2.1	水		吨	1.00	60.00	60.00
2.2	电		度	0.28	1,000.00	280.00
2.3	煤		吨	136.75	3.60	492.30
	合计					23,321.21

芦荟冻干粉消耗定额及价格表

单位：元

序号	项　目	规　格	单位	单　价（元）	单位消耗定额（吨）	单位直接材料成本（元）
1	原材料					528,612.50
1.1	原料					527,586.50
1.1.1	浓缩液	10∶1	吨	26,379.33	20.00	527,586.50
1.2	包装材料					1,026.00
1.2.1	复合膜	25千克	个	8.55	40.00	342.00
1.2.2	包装桶	25千克	个	17.10	40.00	684.00
2	燃料及动力					29,209.20
2.1	水		吨	1.00	2,600.00	2,600.00
2.2	电		度	0.28	88,000.00	24,640.00
2.3	煤		吨	136.75	14.40	1,969.00
	合计					557,821.70

二、思考与讨论

1. 运用回收期法、平均报酬率法、净现值法、内含报酬率法及获利指数法进行投资决策。

2. 对项目展开财务可行性分析。

第四节　万利公司证券投资的选择

实验目的

1. 理解证券投资组合的风险
2. 掌握证券投资分散风险的策略和方法

一、案例资料

万利公司是一个经济实力非常强的大型家电生产企业。多年来，其产品一直占领着国内外销售市场。近年来由于市场竞争不断加剧，企业的生产经营面临着一些实际困难，经济效益开始出现下滑的迹象。为使企业走出困境，把有限的资金用在刀刃上，2003年初，公司领导召开会议，集体通过了"以销定产的产品销售计划，并利用手中多余资金1,500万元对外投资，以获投资效益"的决定。围绕这一决定，公司专门组织安排了10名调查人员进行市场调研。

经分析、整理调研资料，拟定可供公司选择的投资对象如下：

(1)国家发行7年期国债，每年付息1次，且实行浮动利率。第1年利率为2.63%，以后每年按当年银行存款利率加利率差0.32%计算利息。

(2)汽车集团发行5年期重点企业债券，票面利率为10%，每半年付息一次。

(3)春兰股份，代码600854，中期预测每股收益0.45元，股票市场价格22.50元/股。总股本30,631万股，流通股7,979万股。公司主营：设计制造空调制冷产品，空调使用红外遥控。财务状况十分稳健，公司业绩良好，但成长性不佳。春兰股份的星级评定为"★"。

春兰股份有限公司近3年财务数据及市场表现如下表。

春兰股份有限公司近3年财务数据及市场表现

财务指标及年份	2002年	2001年	2000年
主营收入(万元)	194,737.00	191,431.00	16,215.00
净利润(万元)	26,494.00	27,204.00	24,966.00
扣除后净利润(万元)	26,290.00	27,204.00	24,966.00
总资产(万元)	232,372.00	194,198.00	136,493.00

续 表

财务指标及年份	2002 年	2001 年	2000 年
股东权益(万元)	153,660.00	141,690.00	80,310.00
每股收益(元)	0.865	1.15	1.57
扣除后每股收益(元)	0.86	1.24	1.65
每股净资产(元)	5.02	6.01	5.07
每股现金流量(元)	0.11	0.51	
净资产收益率(%)	17.24	19.2	31.09

(4)格力电器,代码 000651,中期预测每股收益 0.40 元,股票市场价格为 17.00 元/股。总股本 29,617 万股,流通股 21,676 万股。公司主营家用空调器、电风扇及清洁卫生器具。公司空调产销量居国内第一位,有行业领先优势,尤其是出口增长迅速,比去年出口增长 70.7%,经营业绩稳定增长。格力电器的星级评定为“★”。

珠海格力电器股份有限公司近 3 年财务数据及市场表现如下表。

格力电器近 3 年财务数据及市场表现

财务指标及年份	2002 年	2001 年	2000 年
主营收入(万元)	516,564.000	429,814.000	345,166.000
净利润(万元)	22,916.000	21,508.000	21,025.000
扣除后净利润(万元)	22,916.000	21,508.000	21,025.000
总资产(万元)	342,386.000	292,591.000	198,158.000
股东权益(万元)	105,724.000	95,814.000	60,225.000
每股收益(元)	0.705	0.660	1.400
每股净资产(元)	3.250	2.940	4.010
每股现金流量(元)	1.080	1.750	
净资产收益率(%)	21.680	22.450	34.910

(5)华工科技,代码 000988,中期预测每股收益 0.10 元,股票市场价格为 68 元/股。总股本 11,500 万股,流通股 3,000 万股。公司主营激光器、激光加工设备及成套设备、激光医疗设备等。该股科技含量高,成长性好,公积金也高。华工科技的星级评定为“★★”。

华工科技产业股份有限公司近 3 年财务数据及市场表现如下表。

华工科技近3年财务数据及市场表现

财务指标及年份	2002年	2001年	2000年
主营收入(万元)	9,340.00	8,133.00	5,798.00
净利润(万元)	3,056.00	2,221.00	1,845.00
总资产(万元)	18,501.00	13,515.00	11,878.00
股东权益(万元)	14,152.00	10,625.00	9,573.00
每股收益(元)	0.27	0.26	0.22
每股净资产(元)	1.67	1.25	1.33
净资产收益率(%)	21.59	20.91	19.27

二、思考与讨论

(1)根据资料,如果企业为了扩大经营规模实现规模效应,面对上述可供选择的投资方案应如何进行投资组合,且分散或避免投资风险?

(2)根据资料,如果企业仅为获得投资收益,面对上述可供选择的投资方案应如何进行投资组合,且分散或避免投资风险?

第五节　通达股份公司的配股方案

实验目的

1. 熟悉股利分配的方式
2. 了解配股方式对相关方的影响

一、案例资料

通达股份公司作为我国第二大移动通信运营商,在我国移动通信领域具有较明显的垄断优势,公司是国内经营范围最广、业务种类最全的电信运营商之一,近年来各项业务保持着快速、协调发展的态势。2002年成功上市。2003年,年报资料显示每股收益0.12元,实现净利润232,703.06万元。

1. 配股方案

2004年6月29日,中国通达股份有限公司发布了配股公告书。配售股票面值1.00元,发行股数15亿股,占发行后总股本的比例7.08%;市盈率18.8倍(以2003年模拟每股收益0.16元计算);发行前每股净资产1.99元/股(截至2003年12月31日);发行后每股净资产2.06元;市净率(发行价/发行后每股净资产)1.46倍;发行方式向老股东配售;发行对象是本次配售股权登记日收市后登记在册的公司全体社会公众股股东;本次发行股份的上市流通;发行后,本公司将与上海证券交易所协商尽快安排获配股份上市。具体数据见下表。

公告日	配股方案(每10股)	配股价(元)	除权日	登记日	配股缴款起止日	上市日	募集资金(万元)	方案进度
2004年6月29日	3.00	3.00	2004年7月7日	2004年7月6日	2004年7月7日—2004年7月20日	2004年7月29日	450,000.00	决案

自2002年上市以来,公司分别在2003年6月和2004年6月进行了两次分红,具体数据见下表。

公告日	分配方案(每10股)			分配前股本(万股)	除权日	登记日	上市日	方案进度
	送红股(股)	转增股(股)	派现金(元)					
2004年6月21日	0.00	0.00	0.35	1,969,659.64	2004年6月25日	2004年6月24日		决案
2003年6月10日	0.00	0.00	0.36	1,969,659.64	2003年6月16日	2003年6月13日		决案

这是沪市历史上最大的配股案,通达高层表示,公司配股时的输血行为可以增加流通股股东的权益,对流通股股东有利。通达高层强调配股有利于流通股股东的依据有两个:一是配股可增加流通股股东的权益;二是配售时通达股份将给流通股股东10%~30%的折扣,配售后投资者的平均持仓成本将降低。

2. 配股的定价

配股价格怎么定?在2004年较为低迷的市场环境下,配股能否顺利完成,价格就很重要。通达股份配股方案中称,配股价格将以配股说明书刊登日前20个交易日收盘价格算术平均值的70%~90%确定,定价时将参考二级市场价格及公司股票市盈率状况等因素。

3. 配股筹资的用途

本公司本次计划配售15亿社会公众股，预计募集资金45亿元，扣除发行费用后将全部用于收购通达集团持有的通达BVI公司的股权，通达集团将出售通达BVI公司股权所得资金，通过增资方式投入通达新时空用于CDMA网络建设。

4. 配股消息公布前后的股价

自2004年4月10日公布配股消息以来，通达的股价便一路滑落，自4.6元下跌至8月4日的3.3元，跌幅高达30%，投资者担心股本的扩大将导致每股收益的摊薄，以至于伤害流通股股东的利益。但多家机构均对通达股份3元/股的配股价表示认同。这使得通达股份的股价在配股前后始终稳定在3.3～3.5元。

也有分析家认为，配股完成后通达股份A股的总股本从目前的196.96亿股扩大到了211.96亿股，股本的扩张幅度为7.62%。那么股本扩张以后净利润的变动情况如何呢？从公开的资料来看，配股后通达的少数股东比例将缩减5.71%，由此使得公司的净利润增加10.82%，与股本扩张的幅度相比，每股收益反而有望增长3.2%。即使以保守的20倍市盈率计算，通达的合理定价也应在3.8元附近。

5. 配股上市后的股价

在通达配股上市的当日(2004年7月29日)，该股以3.28元的价格共发生了20笔大宗交易，报收于每股3.37元，涨幅2.74%。这标志着运作周期为3个月、中国A股在历史上最大一次规模的配售完美结束。但2004年9月8日通达股份放量大跌5.15%，几乎创下上市以来单日最大跌幅。此后，通达股份的股价一发不可收拾，最低被打至3.08元；9月13日更是创出3.04元的新低，离配股价仅差0.04元，3元/股的配股价受到考验。

二、思考与讨论

(1)配股在我国往往被看作是股利分配的一种形式，你同意这种观点吗？

(2)分析通达股份配股方案对股东的影响。

(3)分析通达股份配股方案对公司的影响。

(4)分析通达股份配股方案对A股市场的影响。

(5)如果老股东在配股之后,持股到现在,其收益有什么变化?

第六节 天昌公司财务预算的编制

实验目的

1. 熟悉财务预算编制的程序
2. 掌握财务预算编制的方法

一、案例资料

天昌公司目前只生产一种产品,耗用一种材料。该产品的市场售价为200元/件。进入2007年12月份,企业财务部门准备编制2008年度的财务预算。财务经理首先安排会计科预估了2007年末资产负债表,见下表。

资产负债表

编制单位:天昌公司　　时间:2007年12月31日　　单位:元

资　产		负债及所有者权益	
项　目	金　额	项　目	金　额
流动资产:		负　债:	
现　金	8,000	应付账款	2,350
应收账款	6,200	长期借款	9,000
直接材料	1,500		
产成品	900		
固定资产:		股东权益:	
土　地	15,000	普通股股本	20,000
房屋及设备	20,000	留存收益	16,250
累计折旧	4,000		
资产总计	47,600	负债及所有者权益总计	47,600

经财务部门与有关部门协商研究,取得相关预算资料后,着手编制2008年的年度财务预算。相关预算指标资料如下:

(1)销售部门预测2008年度各季度的销售量为:100件、150件、200

件和 180 件。2007 年每季度销售款中在当季可收到现金 60%,其余的在下季度收讫,2008 年预计保持不变。

(2)生产部门提供资料,该产品的材料耗用量为 10 千克/件,人工工时耗用量为 10 工时/件。编制预算时预计 2008 年年初产成品有 10 件,生产成本为 90 元/件;材料 300 千克。为保证能在发生意外需求时按时供货,并可均衡生产,按下期销售量的 10%安排存货,年末预计留存产成品 20 件;各季度期末材料存量按下季度生产需要量的 20%确定,年末预计留存材料 400 千克。

(3)采购部门提供资料,该产品耗用材料的平均单价为 5 元/千克。材料采购的货款 50%在本季度内付清,另外 50%在下季度付清。

(4)劳资部门提供资料,公司采用计时工资制,即 2 元/工时。

(5)销售及管理部门预计 2008 年度全年现金支出总额为 20,000 元,各季度均衡支出。生产部门预计 2008 年度制造费用总额为 12,800 元,各季度现金支出分别为 1,900 元、2,300 元、2,300 元和 2,000 元,计提折旧 4,300元。

(6)公司计划 2008 年支付两次股东股利,分别为二、四季度末各支付 8,000 元。

(7)公司计划在 2008 年二季度购买设备 1 台,为此需投入资金 10,000 元。发生现金储备不足时,可通过向银行贷款的办法加以解决,并在现金充裕时及时安排部分或全额还贷。银行借款以千元为单位,按期初借入,期末归还,预计利息。银行贷款年利率 10%。

(8)财务部门预计下年度需缴纳所得税为 4,000 元。根据公司以往财务管理经验,要保证生产经营的正常进行,各期期末需有 6,000 元余额的现金储备。2008 年年初现金余额预计 8,000 元。

二、思考与讨论

根据资料,如何编制天昌公司 2008 年度财务预算。

参考文献

[1] 荆新,王化成.财务管理学(第6版)[M].北京:中国人民大学出版社,2012.

[2] 中国注册会计师协会.财务成本管理[M].北京:中国财政经济出版社,2012.

[3] 魏亚平,尹均慧.财务管理实验教程[M].北京:经济科学出版社,2005.

[4] 王媚莎.财务管理实验[M].北京:中国金融出版社,2009.

[5] 刘桂英,邱丽娟.财务管理案例实验教程[M].北京:经济科学出版社,2006.

[6] 张春敏,刘世青.财务管理实训[M].武汉:华中科技大学出版社,2007.

[7] 张涛.财务管理学[M].北京:经济科学出版社,2009.

[8] 陈志斌.财务管理学导论精要[M].南京:南京大学出版社,2008.

[9] 张先治.财务分析学[M].大连:东北财经大学出版社,2007.